Inhalt

Autor: Markus Häberle

Vorwort

Liebe Schülerin, lieber Schüler,

der vorliegende Band stellt die wichtigsten lateinischen Autoren der Oberstufenlektüre vor. Eingeleitet wird jeweils mit einer kurzgefassten **Biografie**; es folgen ein **Werkverzeichnis** und die Analyse von **Textpassagen**. Von jedem Autor wurden ein oder mehrere repräsentative Textausschnitte ausgewählt. Ein **Zeitstrahl** verankert jeden Autor in seiner historischen Umgebung.

Die Texte werden satz- oder abschnittsweise dargeboten: zunächst der lateinische Text, dann eine Übersetzung und eine Analyse. Die **Übersetzungen** sind möglichst nah am lateinischen Wortlaut gehalten, wobei aber die Wiedergabe des Sinns zuweilen Abweichungen erforderlich machen kann. Die **Interpretation** enthält Hinweise zur gedanklich-logischen Vorgehensweise des Autors und zur sprachlichen Darstellung sowie sachliche Informationen, soweit diese zum Verständnis der Texte erforderlich sind. Der Schwerpunkt der Erklärungen liegt dabei auf den **typischen Ausdrucks- und Gestaltungsmerkmalen der Autoren**, welche erfahrungsgemäß Gegenstand der Behandlung im Unterricht sind. So lassen sich die Kapitel als Hilfen und als Einstieg, aber auch zur Vertiefung für die weitere Lektüre des jeweiligen Autors im Oberstufenunterricht verwenden.

Ein **Glossar** erläutert wichtige Begriffe und Stichwörter, die im Text blau hervorgehoben sind. Erklärt werden hierbei stilistische Erscheinungen, historisch-gesellschaftliche und philosophische Zentralbegriffe sowie andere wichtige Gegenstände, welche für das Verständnis der Autoren wesentlich sind.

Viel Erfolg mit dem Band wünscht Ihnen

Markus Häberle

Markus Häberle

Cicero

1 Biografie

Ciceros Biografie, vor allem die seiner letzten Jahrzehnte, gehört zu den am dichtesten durch Quellen bezeugten Lebensläufen der Antike. Teilweise sind wir über die Entwicklungen und Ereignisse im Stundenabstand informiert. Dies liegt einerseits daran, dass Cicero aufgrund seiner Prominenz als Politiker schon zu Lebzeiten von Autoren zum Gegenstand der Darstellung gemacht wurde, andererseits hat Cicero selbst sehr viel über sich geschrieben und uns in seinen Briefwechseln Details seines alltäglichen Lebens, des privaten wie auch des politischen, überliefert.
Cicero wurde am 3. Januar 106 v. Chr. als Sohn eines in Arpinum (südliches Latium) lebenden Gutsbesitzers im Stand eines Ritters ***(eques)*** geboren. Schon früh brachte ihn sein Vater nach Rom, um ihn ausbilden zu lassen.

1 Beginn der beruflichen Karriere

Im Jahr 80 riskierte Cicero seine Existenz, als er die Verteidigung eines des Vatermordes angeklagten Mannes, Sextus Roscius aus Ameria, übernahm. Er stellte sich damit gegen den mächtigsten Mann im Staat, Sulla. Kurz darauf brach er zu einem zweijährigen Aufenthalt nach Griechenland auf, wo er seine philosophischen Kenntnisse, vor allem aber seine rednerischen Fähigkeiten ausbildete. Er studierte dort die **peripatetische** und die **stoische** Philosophie und eignete sich den nüchternen **attischen Redestil** an, der, anders als die damals modische **asianische** Rhetorik, auf Effekte verzichtete und auf sachliche und **transparent** logische Komposition baute. Im frühestmöglichen Alter *(suo anno)* bekleidete er 75 die Quästur, das erste Amt des ***cursus honorum***, auf Sizilien, wo er sich durch seine Korrektheit das Vertrauen der Menschen erwarb.

2 Der Prozess gegen Verres

Das Jahr 70 war eines der entscheidenden Jahre für Cicero: Die Einwohner Siziliens baten ihn darum, sie in einem **Repetundenprozess** gegen Gaius Verres, den ehemaligen Proprätor dieser Provinz, zu vertreten. Verres hatte in seiner Amtszeit die Insel ohne Skrupel ausgenommen, wertvolle Güter konfisziert, Kunstwerke aus öffentlichem wie aus Privatbesitz geraubt und dafür sogar Justizmorde begangen. Cicero wusste, dass er sich mit dieser Anklage gegen die gesamte **Nobilität** stellte, sagte seine Hilfe aber zu. Sein Gegner war der berühmteste Redner Roms, Hortensius, der Verres vertrat. Die Prozessordnung ließ seine Anklage schon im Vorfeld aussichtslos erscheinen. Es gelang Cicero durch Schnelligkeit und Scharfsinn, aber auch durch die überwältigenden Beweise, die er auf Sizilien gesammelt hatte, die Verteidigung des Verres von vornherein scheitern zu lassen. Verres ging freiwillig ins Exil. Ciceros Intelligenz und seine phänomenale Redekunst waren auf einen Schlag berühmt.

3 Ädilität und Prätur

Während der Arbeit am Verres-Prozess schaffte es Cicero noch, sich für die Wahl zum Ädil zu bewerben und auch gewählt zu werden. Wieder im Mindestalter trat er das Amt im Jahr 69 an. Er suchte die politische Nähe von Gnaeus Pompeius, da er in der Senatorenschicht trotz – oder vielleicht gerade wegen – seines Erfolges gegen Verres wenige Freunde hatte. Während seiner Prätur im Jahr 66 plädierte Cicero dafür, Pompeius den Oberbefehl im Krieg gegen den asiatischen König Mithridates von Pontos und Bithynien zu verleihen.

4 Konsulat und Catilinarische Verschwörung

Das höchste Amt des ***cursus honorum*** trat er im Jahr 63 als Konsul an, wieder *suo anno*. Damit hatte Cicero, ein ***homo novus***, ein namenloser ***eques*** aus einer unbedeutenden Landstadt, der keinen stadtrömischen ***nobilis*** in seiner Ahnenreihe vorweisen konnte, den Gipfel der Senatskarriere erreicht. Sein Konsulat war fast ereignislos, bis im November ein Putschplan aufgedeckt wurde. Lucius Sergius Catilina, ein Adliger, der gegen Cicero bei den Konsulatswahlen verloren hatte, plante die Ermordung der Magistraten und die Machtergreifung. Cicero informierte den Senat und die Volksversammlung in seinen vier Catilinarischen Reden; Catilina verließ die Stadt freiwillig. Nach der Enttarnung und Hinrichtung seiner Gefolgsleute in der Stadt fiel er in einer blutigen Entscheidungsschlacht im Jahr 62 in Etrurien.

5 Cicero und der Untergang der Republik

Als im Jahr 61 Pompeius als Sieger aus dem Krieg heimkehrte und triumphierte, wandte er sich nicht seinem Unterstützer Cicero zu, sondern schloss 60 v. Chr. ein Bündnis mit dem reichen Crassus und dem noch nicht prominenten Gaius Iulius Caesar, der für 59 zum Konsul gewählt war: das **1. Triumvirat**. Ciceros politische Gegner griffen an. Cicero musste im Jahr 58 ins Exil gehen. Man warf ihm vor, römische Bürger ohne die Möglichkeit, die Volksversammlung um Abmilderung der Todesstrafe in Verbannung zu bitten, hingerichtet zu haben. Diese Zeit war für Cicero eine persönliche Katastrophe, da er sich als Retter Roms betrachtete. Sein gefährlichster Gegner war der Volkstribun Publius Clodius. Im Herbst 57 gelang es Ciceros Freunden, das Verbannungsurteil aufheben zu lassen. Er erlangte jedoch in der Politik trotz seiner Versuche keinen Einfluss mehr und begann mit seiner schriftstellerischen Tätigkeit, vor allem als Philosoph und Lehrer der Rhetorik. Als Crassus 53 v. Chr. in einer Schlacht gegen die Parther fiel, zerbrach das **Triumvirat**, und Caesar und Pompeius begannen, sich voneinander zu entfernen. Fast gegen seinen Willen musste Cicero im Jahr 51 eine Statthalterschaft in Kilikien antreten, die er aber gewissenhaft ausübte.
Als mit Ende des Jahres 50 Caesars Amtszeit in Gallien endete, forderte der Senat, dass er seine Truppen abgeben und nach Rom kommen solle. Caesar wusste, dass dies für ihn das Ende seiner politischen Ambitionen bedeuten würde, und weigerte sich. Damit war der Bürgerkrieg eröffnet. Der Senat machte Pompeius zu seinem Anführer und Feldherrn. Der unterlag jedoch in der Schlacht bei Philippi im August 48 und wurde kurz darauf ermordet. Damit war Caesar der Sieger des innenpolitischen Machtkampfes. Cicero als Vertreter der **optimatischen**, senatsorientierten Politik gehörte zu den Verlierern und musste sich mit den Verhältnissen arrangieren. Die ***res publica libera*** war vernichtet, für Cicero eine Katastrophe. Es begann die zweite Phase seiner philosophischen Schriftstellerei.

6 Ciceros Ende

Die Ermordung Caesars ließ neue Hoffnung aufkommen, dass die ***res publica libera*** wieder hergestellt werden könnte. Cicero als *princeps senatus* verlangte von Caesars Gefolgsmann Marcus Antonius die Unterordnung unter die gesetzlichen Strukturen. Da Antonius aber entschlossen war, um eine Machtposition zu kämpfen, griff ihn Cicero in seinen Philippischen Reden in verletzender und teils sogar obszöner Weise an. Das Auftreten von Caesars neunzehnjährigem Großneffen Gaius Octa-

vius[1], der in Caesars Testament als einer der Haupterben aufgeführt war, schien für den Senat als ein unverhoffter Lichtblick: Cicero glaubte, den jungen Mann für den Kampf gegen Antonius gewinnen zu können. Als Oktavian, der viele Jahre später Augustus heißen sollte, sich mit Antonius gegen den Senat verbündete und als eine Terrorwelle gegen Senatoren anrollte, verstand Cicero, dass sein Idealstaat nicht mehr zu retten war. Er resignierte. Auf den **Proskriptionslisten**, welche die Sieger veröffentlichten, stand Ciceros Name ganz oben. Er wurde am 7. Dezember 43 v. Chr. in der Nähe seines Landgutes bei Formiae ermordet. Antonius ließ Ciceros Kopf und seine Hände, welche die Philippischen Reden geschrieben hatten, auf dem Forum in Rom ausstellen.
Ein jahrelanger Bürgerkrieg vernichtete die Reste der alten Republik; der Sieger des Kriegs war Oktavian, der sich *imperator Caesar divi filius* nannte und am 16. Januar 27 v. Chr. vom Senat den Ehrentitel *Augustus* erhielt. Das Bündel von Privilegien und Ämtern, das ihm zugleich verliehen wurde, besiegelte den Beginn der Monarchie in Rom.

2 Werke

Die philosophischen und rhetorischen Werke Ciceros sind nicht nur wissenschaftliche Untersuchungen, sondern enthalten eine zweite, politische Ebene. Sie sind großenteils in Zeiten entstanden, in denen Cicero politisch nicht aktiv sein konnte, da seine Gegner zu mächtig waren. So nutzt Cicero die Chance, in scheinbar unverfänglichen ethischen Untersuchungen, die teilweise als Dialoge von anerkannt großen Römern der Vergangenheit verfremdet sind, politische Positionen zu beziehen, die er in direkter politischer Äußerung so nicht vertreten könnte.
Die Form des Dialogs lehnt sich teils an die **platonische** Philosophie an, teils an die aristotelische, in welcher längere Darstellungen der Gesprächspartner einander ohne Sprecherwechsel gegenüberstehen.

1 Gaius Octavius (63 v. – 14 n. Chr.) war der Großneffe Julius Caesars. Der Diktator setzte ihn als einen seiner beiden Haupterben ein und adoptierte ihn testamentarisch. Obwohl eine derartige Adoption nicht der Norm entsprach, wurde sie offenbar anerkannt. Nach Caesars Tod nannte Octavius sich *Gaius Iulius divi filius Caesar*. Der Beiname *Octavianus* ist ein Adoptivname, den er selbst nie benutzte, da er sich als Sohn des Diktators Caesar sah. Cicero nennt ihn einige Male in Briefen *Octavianus*, wechselt dann aber auch zur Bezeichnung *Caesar*. Die Geschichtsschreibung nennt ihn fast einheitlich Oktavian (Octavian), um ihn vom Diktator Caesar zu unterscheiden.

Ciceros philosophische Überzeugung lässt sich nicht eindeutig einer Philosophenschule zuordnen: Es sind wesentliche Elemente der **stoischen** Schule enthalten, aber im aristotelischen Sinn abgemildert und der menschlichen Realität angenähert. Man findet für diese Mischung von Schulen die Begriffe **Eklektizismus** oder **Synkretismus**, Auswahl oder Mischung von Reinformen. Nur den **Epikureismus** lehnte Cicero rigoros ab.

Die rhetorischen Schriften sind ebenfalls entscheidend von philosophischen Überlegungen getragen. Der Redner ist ethischen Grundsätzen verpflichtet, welche ihm von der Philosophie vermittelt werden.

Der folgende Katalog von Ciceros Werken ist unvollständig. Einige erhaltene Reden und philosophische Schriften werden nicht aufgeführt. Die Briefkorpora *(ad familiares, ad Atticum, ad Q. fratrem)* sind ebenfalls nicht berücksichtigt. Ob es sich im Folgenden um ein rhetorisches oder ein philosophisches Werk handelt, ist jeweils erkennbar an dem Hinweis „rhet." oder „phil."

- ***Pro Sexto Roscio Amerino*** (80 v. Chr., rhet.): Sextus Roscius wird angeklagt, seinen Vater ermordet zu haben. Cicero weist nach, dass diese Anklage von einer Gruppe Verwandter inszeniert wurde, die selbst den Besitz des alten Roscius an sich reißen wollten, und dass diese die Mörder waren. Sie wurden von Chrysogonus, einem nahen Gefolgsmann des Diktators Sulla, gedeckt.
- ***In Verrem orationes*** (70 v. Chr., rhet.): In zwei Redenkomplexen beweist Cicero, mit welcher Habgier und Skrupellosigkeit Verres als Statthalter in Sizilien geraubt und gemordet hat. Gegen eine mächtige Gruppe von Senatoren konnte Cicero so erdrückende Fakten vorbringen, dass Verres schon nach der ersten Rede freiwillig ins Exil floh.
- ***Pro lege Manilia*** (***Pro imperio Cn. Pompeii***, 66 v. Chr., rhet.): Cicero unterstützt den Antrag des Volkstribunen Manilius, Pompeius zum Oberbefehlshaber im Krieg gegen Mithridates von Pontos zu ernennen. Er begründet dies mit den militärischen Fähigkeiten des Pompeius. Der Senat zögerte, Pompeius mit solchen Machtmitteln auszustatten, folgte dem Antrag aber schließlich.
- ***In Catilinam orationes*** (63 v. Chr., rhet.): In vier Reden lässt sich die Entwicklung der Situation im Spätherbst 63 nachvollziehen. Catilina wird als Verschwörer ertappt, seine Anhänger enttarnt und hingerichtet. Cicero berichtet vor dem Senat und vor der Volksversammlung und plädiert für ein hartes Vorgehen und für die militärische Niederschlagung der Verschwörung. Er betrachtete diesen Erfolg als große historische Leistung, als Rettung Roms.

- ***Pro Sestio*** (56 v. Chr., rhet.): Nach seiner Rehabilitation und seiner Rückkehr aus dem Exil stellte sich Cicero auf die Seite des Senats. Der Volkstribun Publius Clodius organisierte einen schmutzigen Straßenkrieg; Publius Sestius und Titus Annius Milo stellten für die Seite der **Optimaten** Gegentruppen auf. Cicero verteidigt in seiner Rede Sestius gegen die Anklage der politischen Gegner und entwirft das Ideal des ***consensus omnium bonorum***.
- ***De oratore*** (55 v. Chr., rhet.): Eine dialogische Schrift über technische und moralische Fragen der Rhetorik, für welche das Studium der Philosophie unerlässlich ist.
- ***De re publica*** (54–51 v. Chr., phil.): Ein teilweise erhaltener philosophischer Dialog, in dem sich Persönlichkeiten einer großen Vergangenheit über den idealen Staat unterhalten. Es werden die Staatsformen untersucht (Verfassungskreislauf), die ideale Staatsform ist in der römischen ***res publica libera*** verwirklicht. Die römische Geschichte wird dargestellt. Das *Somnium Scipionis*, ein Teil des sonst verlorenen 6. Buchs, enthält eine Darstellung der **stoischen** Ethik und der Kosmologie, die für spätere Epochen bin in die Neuzeit große Bedeutung hatte. Das Lob der römischen Republik ist eine hochpolitische Aussage in dieser Zeit innenpolitischer Kämpfe, in der diese Staatsform von Leuten wie Caesar und Clodius gefährdet wird.
- ***De legibus*** (ca. 53–51 v. Chr., phil.): In den erhaltenen drei Büchern dieses Dialogs erörtert Cicero, wie gute Gesetze beschaffen sein müssen. Sie entspringen der von Gott geschaffenen Natur des Menschen und sind von der *ratio* bestimmt. Das Werk ist stark von **stoischen** Vorstellungen geprägt.
- ***Pro Milone*** (52 v. Chr., rhet.): In einem Straßenkampf gegen eine Bande des senatsfreundlichen Publius Annius Milo ist der Volkstribun Publius Clodius ums Leben gekommen. Milo wird des Mordes bezichtigt. Cicero verteidigt ihn, unterliegt in dem Prozess jedoch.
- ***Brutus*** (46 v. Chr., rhet.): eine Darstellung der Geschichte der Rhetorik. In diesem Dialog tritt als einer der Hauptakteure neben Cicero selbst und Atticus auch Marcus Iunius Brutus auf.
- ***Orator*** (46 v. Chr., rhet.): Durch einen Vergleich der verschiedenen Redestile wird die ideale Redekunst ermittelt. Jeder Redestil hat seine Bedeutung und seinen speziellen Zweck. Ein Redner muss die Stilformen souverän beherrschen; umfassende Kenntnisse der Philosophie versetzen ihn in die Lage, Reden von hoher Moral zu halten. Technik und Komposition von Reden werden dargestellt.

- ***Pro Marcello*** (46 v. Chr., rhet.): Mit dieser Rede dankt Cicero Caesar im Namen des Senats für die Begnadigung des Marcus Claudius Marcellus. Dieser war ein erbitterter Gegner Caesars gewesen und hatte sich nach Caesars Sieg ins Exil begeben. Die Begnadigung des Marcellus wird in der Rede als Akt der *clementia* Caesars gefeiert.
- ***De finibus bonorum et malorum*** (45 v. Chr., phil.): In fünf Büchern untersucht Cicero die wichtigen philosophischen Schulen seiner Zeit: den **Epikureismus**, die **Stoa** und den **Peripatos**. Je zwei Bücher enthalten die Darstellung und die Kritik einer Philosophenschule; das 5. Buch umfasst beide Teile der Untersuchung des **Peripatos**, der für Cicero die plausibelste philosophische Variante ist.
- ***Tusculanae disputationes*** (45 v. Chr., phil.): In diesem auf Ciceros Landgut in Tusculum spielenden Dialog wird die Haltung gegenüber Schicksalsschlägen untersucht. Angesichts von politischer Ohnmacht und Todesnähe ist die Philosophie der sichere Halt. Der vollkommene Zustand ist **virtus**, welche dem Menschen hilft, auch Schlimmes zu ertragen.
- ***De natura deorum*** (45 v. Chr., phil.): Dieser Dialog untersucht die Gottesvorstellungen verschiedener philosophischer Schulen. Wie in *De finibus* folgt der jeweiligen Darstellung die Kritik. Wieder wird die **epikureische** Ansicht abgelehnt und eine **stoische** Gottesvorstellung akzeptiert.
- ***De officiis*** (44 v. Chr., phil.): Diese Schrift ist an Ciceros Sohn Marcus gerichtet. Sie ist nicht in Dialogform gehalten. Nach Caesars Ermordung hat Marcus sein Studium in Athen angetreten. Cicero stellt für seinen Sohn die wichtigsten Tugenden und ihre Bedeutung im menschlichen Leben dar. Hierzu untersucht er die seelische Beschaffenheit und die Bestimmung des Menschen. Daraus ergeben sich die Maßstäbe, nach denen sich das Handeln zu richten hat. Bezeichnend ist, dass Cicero nicht in streng **stoischer** Art ein absolutes Gut postuliert, sondern dass Menschen auch nach Ruhm, sogar nach Existenzsicherung streben sollen, da dies Voraussetzungen und **Motive** für das politische Engagement sind. Das richtige Handeln wird in konkreten Situationen dargestellt.
- ***Philippicae orationes*** (44–43 v. Chr., rhet.): Die Bezeichnung „Philippische Reden“ stammt von Cicero selbst. Sie bezieht sich auf die Reden, welche der athenische Politiker und Redner Demosthenes im 4. Jh. v. Chr. gegen die Machtansprüche Philipps II. von Makedonien gehalten hatte. Nach Caesars Tod herrschte in Rom spannungsvolle Erwartung, wer im entstandenen Machtvakuum seine Position durch-

setzen konnte: der Senat, angeführt durch Cicero, oder die Gefolgsleute Caesars, allen voran Caesars Mitkonsul Marcus Antonius. In den 14 Reden greift Cicero Antonius nach dem Scheitern eines Kompromisses scharf an. Sie spiegeln die Entwicklung des Machtkampfes zwischen Senat und Caesarianern wider. Cicero will die Isolierung des Antonius erreichen; er soll zum ***hostis publicus*** ernannt werden, sodass rechtmäßig mit militärischen Mitteln gegen ihn vorgegangen werden kann. Dabei setzt Cicero große Hoffnungen in den jungen Gaius Octavius, den Erben Caesars, der anfangs bereit zu sein scheint, sich auf die Seite des Senats zu stellen. Die letzte Rede vom April 43 ist voll Freude über einen Sieg des Senatsheeres, verbündet mit Oktavian. Die Lage wandelte sich bis zum Sommer 43 radikal zu Ungunsten des Senats, als Oktavian sich mit Antonius und Lepidus zum zweiten **Triumvirat** verbündete.

3 Sprachliche Darstellung

1 Rhetorik

Antike Rhetorik hatte vor allem einen Zweck: das Publikum von der eigenen Position zu überzeugen, es für sich zu gewinnen und es zu einer bestimmten Handlungsweise zu veranlassen. Dies gilt für die Gerichtsreden ebenso wie für die politischen Reden. Der Aspekt der faktischen Richtigkeit ist dabei manchmal zweitrangig. Die Lenkung der Zuhörer ist das bestimmende **Motiv** des Redners, nicht deren sachrichtige Aufklärung. Danach ist die Rhetorik vollkommen ausgerichtet. Emotionalität, Einseitigkeit, sogar Verfälschung oder bewusste Selektion bzw. Auslassung von Fakten, grobe Zeichnung von Persönlichkeiten sind daher ebenso Charakteristika von Ciceros Reden wie auf der anderen Seite eine klare Struktur, methodische Hilfestellungen für die Zuhörenden und unterstützende **Exkurse**, erläuternde Anmerkungen und die gegliederte Ankündigung dessen, was der Redner nun darlegen wird. Gedankliche **Transparenz** und stürmische Gefühle, Sachlichkeit und Pathos, klare Information und bewusste Wertung treten gleichermaßen auf. So sind in Ciceros Reden sehr unterschiedliche Textarten zu finden. Zwei sollen hier vorgestellt werden.

***In Verrem* 2,2,2 f.**

Im folgenden Textabschnitt bereitet Cicero sein Publikum darauf vor, mit den Verbrechen des Verres gegen die Städte Siziliens konfrontiert zu werden. Um die Monstrosität der Kunsträubereien, des Machtmissbrauchs und der Justizmorde zu verstärken, schildert Cicero die historischen Ereignisse, welche Sizilien mit Rom verbinden. Diese Passage ist besonders **transparent** gestaltet. Cicero will, dass diese Fakten im Gedächtnis seiner Zuhörer präsent bleiben, damit der Kontrast zu den Untaten des Verres umso augenscheinlicher wird.

- *Atque antequam de incommodis Siciliae dico, pauca mihi videntur esse de provinciae dignitate, vetustate, utilitate dicenda ...*
  Übersetzung: Und bevor ich über die Leiden Siziliens rede, glaube ich, einiges über das Verdienst, das Alter, die Nützlichkeit der Provinz sagen zu müssen.

  Erläuterung: Eine **methodische** Bemerkung, mit der Cicero dem Publikum in **transparenter** Weise den Weg seiner Darstellung vorzeichnet. Er hat vor, die Leiden Siziliens unter Verres darzustellen; zuvor soll diese Insel jedoch noch in einem **Exkurs** charakterisiert werden. Die Einzelelemente dieser Charakteristik werden in einem **asyndetischen Trikolon** wie in einem Inhaltsverzeichnis angekündigt.

- *Nam cum omnium sociorum provinciarumque rationem diligenter habere debetis, tum praecipue Siciliae, iudices, plurimis iustissimisque de causis, ...*
  Übersetzung: Denn wenn ihr auf alle Verbündeten und Provinzen sorgfältig Rücksicht nehmen müsst, so ganz besonders auf Sizilien, ihr Richter, und zwar aus einer riesigen Zahl triftigster Gründe.

  Erläuterung: Der angekündigte **Exkurs** wird sachlich begründet. Cicero hält seinem Publikum, einem Gericht aus römischen Senatoren und dem versammelten Volk, seine Verantwortung für das Wohlergehen der ihm anvertrauten Völker vor Augen, unter denen Sizilien aus einer Fülle von Gründen eine ganz prominente Stellung einnimmt. Indem Cicero die Richter an ihre hohe Verantwortung erinnert – hierin liegt auch eine Anerkennung von deren hoher Position, eine Art von ***captatio benevolentiae*** –, stellt er deren Hilfe für Sizilien als unausweichliche Verpflichtung dar.

- *... primum, quod omnium nationum exterarum princeps Sicilia se ad amicitiam fidemque populi Romani adplicavit.*
  Übersetzung: Erstens, weil Sizilien sich von allen auswärtigen Nationen als erste in Freundschaft und Vertragsverhältnis mit dem römischen Volk verbunden hat.

Erläuterung: Cicero gliedert seine Darstellungen häufig durch aufzählende Adverbien (*primum, deinde, tum, denique*) und erzeugt dadurch Struktur und **Transparenz**. Wichtig ist die Unterscheidung scheinbar **synonymer** Substantive: *natio* bezeichnet ein Volk unter ethnischem Gesichtspunkt, *populus* ist ein Volk als politische Instanz. Durch die Nennung des *populus Romanus* betont Cicero die universelle Bindung Siziliens an das gesamte römische Volk, also auch an die vor ihm sitzenden Personen, und nicht etwa nur an denjenigen, der gerade Statthalter in Sizilien ist; wieder ein impliziter **Appell** an die Verantwortlichkeit des Senats, der das politische Handeln Roms zu verantworten hat.
Bewusst stellt Cicero die Herstellung des Abhängigkeitsverhältnisses als freiwillige und vertrauensvolle Handlung der Sizilier dar und verschweigt damit, dass die Abhängigkeit durch die militärische Überlegenheit Roms zustande gekommen ist. Die Verpflichtung des Senats zur Fürsorglichkeit gegenüber Sizilien und allen Provinzen wird so dringlicher.

- *Prima omnium, id quod ornamentum imperi est, provincia est appellata; prima docuit maiores nostros, quam praeclarum esset exteris gentibus imperare; sola fuit ea fide benivolentiaque erga populum Romanum, ut civitates eius insulae, quae semel in amicitiam nostram venissent, numquam postea deficerent, pleraeque autem et maxime inlustres in amicitia perpetuo manerent.*

  Übersetzung: Als erste von allen – und das ist eine Auszeichnung unseres Reichs – hat sie den Titel „Provinz" erhalten; als erste hat sie unseren Vorfahren deutlich gemacht, welche Auszeichnung es ist, über auswärtige Völkerschaften zu gebieten; als einzige zeigte sie eine solche Treue und solch gute Gesinnung gegenüber dem römischen Volk, dass die Städte dieser Insel, welche einmal in das Freundschaftsverhältnis mit uns eingetreten waren, niemals danach untreu wurden, dass vielmehr die meisten und die prächtigsten auf ewig bei dieser Freundschaft blieben.

  Erläuterung: Zum dritten und zum vierten Mal wird der Wortstamm *prim-* verwendet, was die hervorgehobene Bedeutung Siziliens erhärten soll. Wieder eine terminologische Erwägung: Die Bezeichnung *provincia* ist ein Ehrentitel für ein Land, und Sizilien hat ihn als Erstes verdient. Siziliens Wohlverhalten und Bedeutung hat die römischen Politiker sich der hohen Ehre bewusst werden lassen, welche in der Beherrschung auswärtiger Völker liegt. Dieses Bewusstsein ist durch Siziliens Verhalten entstanden; die Insel ist **personifiziert** Subjekt zu *docuit*. Zugleich verdeutlicht Cicero durch seine Formulierung, dass man diese Verantwortung in einem intellektuellen Verstehensprozess erkennen musste – eine Aufforderung an die Zuhörer, dies auch jetzt wieder zu leisten. Der Begriff **maiores** ist von besonderem Gewicht im römischen Staat, der nicht auf einer Verfassung, sondern aus einer Kette von Präzedenzfällen basiert; die Vorfahren, die Rom zu seiner Größe und zu seiner inneren Ordnung geführt haben, sind ein leuchtendes Vorbild für die Gegenwart, dem man nachstreben muss. Sizilien hat aufgrund des guten Verhältnisses zu diesen ***maiores*** seine *fides* und *benivolentia* gezeigt: ebenfalls ein immanenter **Appell**, sich nämlich diese vertrauensvolle Zuneigung wie die Vorväter durch Schutz und Hilfe zu verdienen und sie zu belohnen. Die historische Darstellung ist also zugleich Aufforderung, dem großen ***exemplum*** zu folgen.

- *Itaque maioribus nostris in Africam ex hac provincia gradus imperi factus est; neque enim tam facile opes Carthaginis tantae concidissent, nisi illud et rei frumentariae subsidium et receptaculum classibus nostris pateret.*

  Übersetzung: Deshalb wurde von unseren Vorfahren von dieser Provinz aus der Schritt zur Machterweiterung nach Afrika gemacht; es wäre nämlich auch nicht eine derartige Machtfülle Karthagos so leicht zusammengebrochen, wenn nicht dieser Stützpunkt der Getreideversorgung und diese Zuflucht für unsere Flotten offengestanden wäre.

  Erläuterung: Die Vorgabe von *fides* und *benivolentia* wird nun mit konkreten, historischen Fakten gestützt. Der **Konnektor** *itaque* zeigt, dass Roms Erfolge ohne die Loyalität Siziliens nicht möglich gewesen wären. Wieder werden die Hörer bzw. Leser logisch geführt. – Cicero benutzt als Beleg für die *dignitas* Siziliens nichts Geringeres als die bedrohlichste Episode der römischen Geschichte: die Punischen Kriege. Es gäbe Rom nicht mehr, wenn Sizilien nicht mit seinem Getreide und seinen Häfen alle erdenkliche Hilfe geleistet hätte. Erneut wird den Senatoren durch die Schilderung geschichtlicher Vorgänge die Verpflichtung vor Augen gehalten, sich Siziliens jetzt in seiner Not anzunehmen. – Cicero bleibt sachlich, geht mit stilistischen Finessen sparsam um, umnebelt seine sachliche Darstellung nicht mit gesuchten sprachlichen Kunststücken; der feine **Chiasmus** *rei frumentariae subsidium et receptaculum classibus nostris* ist somit schon auffallend.

Im Folgenden beschreibt Cicero dann das Verhalten römischer Feldherren früherer Zeiten gegenüber Sizilien; sie haben nie grausam gehandelt oder den Reichtum der Städte geplündert, sondern sich respektvoll und schonend gezeigt. Diese Zurückhaltung belohnte Sizilien durch zuverlässige Getreidelieferungen, womit Cicero die Vorgaben des ersten, oben zitierten Satzes eingelöst hat: Siziliens *dignitas, vetustas, utilitas.* Ciceros Argumentationslinie ist stets klar, durch unterstützende Bemerkungen und logisch gliedernde Adverbien nachvollziehbar; er kündigt seine argumentativen Absichten an und löst sie dann ein.

2. Philippische Rede, Kap. 16f.

Der folgende Text zeigt einen anderen Charakter. Cicero klagt Marcus Antonius vor dem Volk des Putschversuchs an. Diese Rede wurde nie gehalten, ist aber ein typisches Beispiel einer **Invektive**, eines Angriffs gegen einen politischen Gegner. Kurz nach der Ermordung Caesars am 15. März 44 v. Chr. herrschte atemlose Spannung in Rom, wie die gegnerischen Parteien sich verhalten würden, der Senat auf der einen Seite, aus dessen Reihen die Caesarmörder kamen, welche die Republik wieder herstellen wollten, und auf der anderen Seite die Gefolgsleute Caesars, Antonius und Lepidus, welche beide über Soldaten verfügten. Der Senat verschanzte sich, unterstützt von bewaffneten Sklaven und Gladiatoren, auf dem Kapitol; es erfolgte jedoch kein bewaffneter Angriff der Gegner; vielmehr versuchten beide Parteien, Unentschlossene durch Verunglimpfung des jeweils anderen auf ihre Seite zu bringen. – Der folgende Redeausschnitt setzt einen verbalen Angriff des Antonius gegen Cicero, den Sprecher des Senats, voraus, demzufolge Cicero im Jahr 63 nach Bekanntwerden der Catilinarischen Verschwörung schon einmal das Kapitol durch Sklaven besetzt haben sollte.

- *Adeone pudorem cum pudicitia perdidisti, ut hoc in eo templo dicere ausus sis, in quo ego senatum illum, qui quondam florens orbi terrarum praesidebat, consulebam, tu homines perditissimos cum gladiis conlocavisti?*

  Übersetzung: Hast du so sehr den Respekt zusammen mit deinem Schamgefühl verloren, dass du gewagt hast, in diesem Tempel zu sprechen, in welchem ich jenen Senat, der einstmals in voller Blüte den Erdkreis beherrschte, als Konsul beriet, in dem du die übelsten Verbrecher mit Schwertern postiert hast?

  Erläuterung: Der Textausschnitt enthält eine Reihe von Fragen; es handelt sich um **rhetorische Fragen**, also Aussagen in Frageform. Cicero will keine Antwort hören; die **rhetorische Frage** drückt vielmehr Fassungslosigkeit aus oder betont die Selbstverständlichkeit einer Tatsache, da nur eine Antwort möglich ist. Cicero spricht in starken **Antithesen**, indem er die Heiligkeit und Erhabenheit Roms, des Senats, der Geschichte mit der Verworfenheit des Antonius kontrastiert: Er spricht vom Tempel des Jupiter Stator, in dem damals der Senat tagte, von der glorreichen Macht des Senats, seiner eigenen Retterrolle, wogegen Antonius mit seiner eigenen Person, sogar mit bewaffneten Verbrechern den Tempel entheiligte. Die Fassungslosigkeit Ciceros äußert sich in einem stark **hypotaktischen** Stil, in dem die Gedanken sich durch ständig neue Nebensätze überschlagen.

- *At etiam ausus es – quid autem est, quod tu non audeas? – clivum Capitolinum dicere me consule plenum servorum armatorum fuisse. Ut illa, credo, nefaria senatus consulta fierent, vim adferebam senatui!*
  Übersetzung: Aber du hast ja sogar gewagt – was gibt es eigentlich, was du nicht wagen würdest? – zu behaupten, dass während meines Konsulats die Straße zum Kapitol voll mit bewaffneten Sklaven gewesen sei. Damit dieser, glaube ich, unsägliche Senatsbeschluss erfolgen konnte, wandte ich gegenüber dem Senat Gewalt an!

  Erläuterung: Es folgt ein Detail aus der Antonius-Rede: Cicero habe, unterstützt von Sklaven, die Straße zum Kapitol hinauf besetzt. Die Absurdität dieses Vorwurfs ist im Verb *ausus es* erkennbar. Die Behauptung des Antonius ist also schon für sich betrachtet eine unerhörte Übertretung von Schranken und wird durch die **Parenthese** mit den übrigen Untaten des Antonius gleichgestellt. Diese Tatsache ist wirklich unerhört *(nefaria)*, und Cicero bekennt sich **ironisch** dazu, den Senat geradezu dazu gezwungen zu haben, um deutlich zu machen, dass es eben nicht so gewesen ist.

- *O miser, sive illa tibi nota non sunt – nihil enim boni nosti – sive sunt, qui apud talis viros tam impudenter loquare!*
  Übersetzung: O du Elender, entweder ist dir das nun unbekannt – du kennst ja überhaupt nichts Gutes! – oder bekannt, sodass du bei solchen Leuten so schamlos redest!

  Erläuterung: Cicero redet Antonius als *miser* an, als bemitleidenswert, was noch drastischer ist, als wenn er ihn als Verbrecher titulieren würde. Die Form des Satzes als Ausruf verstärkt den Eindruck von Ciceros Fassungslosigkeit. Antonius wird Unkenntnis der Geschichte unterstellt; sonst würde er solche Absurditäten nicht äußern. Diese Unkenntnis wird, erneut durch eine **Parenthese**, auf alles Gute ausgeweitet. Die Verabsolutierung solcher moralischer Urteile bedeutet eine Übertreibung, eine **Hyperbel**, wie sie im Folgenden erneut auftreten wird. Für Antonius' Verhalten gibt es außer Unkenntnis eine zweite mögliche Erklärung: das schon zu Beginn vermutete Fehlen jeglichen Respekts.

- *Quis enim eques Romanus, quis praeter te adulescens nobilis, quis ullius ordinis, qui se civem esse meminisset, cum senatus in hoc templo esset, in clivo Capitolino non fuit, quis nomen non dedit? Quamquam nec scribae sufficere nec tabulae nomina illorum capere potuerunt.*
  Übersetzung: Welcher Römer von Ritterrang nämlich, welcher junge Mann aus dem Senatorenstand (außer dir!), welcher von jedem beliebigen Stand, der sich daran erinnerte, Bürger zu sein, war, als der Senat sich in diesem Tempel aufhielt, nicht auf der Straße zum Kapitol, wer fühlte sich nicht verantwortlich? Nein, es gibt nicht genug Schreiber und Tafeln, die die Namen all dieser Leute fassen könnten.

  Erläuterung: Beide Vorwürfe, der des Wissensmangels und der der Schamlosigkeit, werden jetzt begründet: Es hatte sich nämlich damals keineswegs um bewaffnete Sklaven gehandelt, sondern um freie Römer aus allen Gesellschaftsschichten. Die Aufgliederung dieser Freiwilligenarmee in Form der **Dihärese** – es waren Ritter, Angehörige der **Nobilität**, überhaupt aller Stände – bezeugt den ***consensus omnium bonorum***, die standes- und parteiübergreifende Einheit aller guten Römer, die gegen den Feind aufstanden. Antonius wird von dieser Einigkeit betont ausgeschlossen (*praeter te*): Er hat sich selbst ins Abseits gestellt. Wieder lässt sich die **Hyperbel** feststellen, hier an der Unmöglichkeit, die Massen von Freiwilligen überhaupt notieren zu können. Erneut drückt die **rhetorische Frage** das Staunen über die Universalität der Abwehrbereitschaft aus.

- *Etenim, cum homines nefarii de patriae parricidio confiterentur consciorum indiciis, sua manu, voce paene litterarum coacti se urbem inflammare, cives trucidare, vastare Italiam, delere rem publicam consensisse, quis esset, qui ad salutem communem defendendam non excitaretur, praesertim cum senatus populusque Romanus haberet ducem, qualis si qui nunc esset, tibi idem, quod illis accidit, contigisset?*
  Übersetzung: Denn da nämlich schlimme Verbrecher den Mordversuch am Vaterland gestanden hatten, aufgrund von Anzeigen von Mitwissern, von ihrer eigenen Hand, geradezu von der Stimme von Briefen gezwungen, dass sie einverstanden gewesen wären, die Stadt anzuzünden, Mitbürger abzuschlachten, Italien zu verwüsten, den Staat zu zerstören, wer wäre da gewesen, der nicht aufgesprungen wäre, um das Gemeinwohl zu verteidigen, zumal da doch der Senat und das römische Volk einen Anführer hatten? Wenn ein solcher noch jetzt da wäre, wäre dir jetzt dasselbe passiert, das jenen damals zustieß!

  Erläuterung: Jetzt schließt Cicero den im ersten Satz angelegten Bogen, indem er die **Parallelisierung** der historischen und der aktuellen Situation zu Ende führt. Damals widersetzte sich keiner dem Ruf zur Verteidigung des Gemeinwohls, da die Ausmaße des geplanten Verbrechens und die Verruchtheit der Verschwörer offen sichtbar waren; zudem gab es damals einen Anführer, in dessen Händen alles zusammenlief, nämlich Cicero selbst. Dies bleibt aber unausgesprochen. Im letzten Satz wird dann Antonius mit diesen *homines nefarii* gleichgesetzt, seine Haltung mit dem *parricidium patriae* der Catilinarier; denn wenn der Staat auch jetzt wieder einen solch starken Anführer hätte, würde Antonius dasselbe Schicksal blühen. Dies ist jedoch im Moment nicht möglich, da Antonius selbst der einzige Konsul ist; der andere war der gerade ermordete Caesar gewesen.

Dieser Text zeigt die Mehrschichtigkeit von Ciceros Argumentations- und Redetechnik: Augenscheinlich ist das Zielen auf Emotionen, die moralische Disqualifikation des politischen Gegners; auf den zweiten Blick zeigt sich die durchdachte Komposition, die zu Beginn angelegt ist und bis zum Schluss, zur Herstellung der **Parallelität**, einen weiten Bogen spannt. Ciceros demonstrative Emotionalität verliert nie die Zielrichtung, hat immer den logischen Abschluss vor Augen. Moralische Erhabenheit wird durch entsprechende Begriffe vermittelt (*patria, cives, salus communis, adulescens nobilis, templum, senatus florens, orbi terrarum praesidere*), vollkommene Verworfenheit ebenso (*pudorem perdere, audere, impudenter*, im Schlusssatz durch die Parallelität auch *nefarius, patriae parricidium* und all die Wörter, welche Zerstörung bezeichnen). Die Einheit aller guten Römer steht gegen Antonius, den seine Verworfenheit zum einsamen Außenseiter macht. Damit verurteilt Cicero nicht nur Antonius, sondern fordert auch das gesamte Volk dazu auf, diese Einheit auch jetzt wieder herzustellen. Die Absolutheit von Ciceros Darstellungsweise, seine Verwendung aller positiven Begriffe für die eigene Position, ist deutlicher Ausdruck des **propagandistischen** Charakters dieser Rede. Nicht die sachliche Information ist beabsichtigt, sondern die Gewinnung der Zuhörer für die eigene Position.

2 Philosophie (Beispiel: *De finibus bonorum et malorum*, 2,45 f.)

Cicero widerlegt in dieser Passage die Auffassung eines **epikureischen** Philosophen, derzufolge das höchste Lebensideal des Menschen die Freiheit von allen Schmerzen und negativen Gefühlen und damit die vollendete Seelenruhe ist. Cicero hält dem entgegen, dass das höchste Gut, das er *honestum* nennt, an kein Maß, auch nicht an menschliche Interessen, gebunden sei.

Sein Argumentationsstil ist dabei sehr klar und logisch. Die Gedankenschritte sind miteinander durch logische **Konnektoren** verknüpft, oder es werden Aussagen mit schon genannten Fakten durch Verweise verbunden. Auch lange Satzperioden sind nicht verschachtelt, sondern **transparent** gestaltet. Immer wieder hält die gedankliche Entwicklung in Aufzählungen inne, die einen Gedanken **variieren**; solche durch **Anaphern** gereihte Aufzählungen sind wie Pausen im Fortschreiten der Argumentation.

- *Honestum igitur id intellegimus, quod tale est, ut detracta omni utilitate sine ullis praemiis fructibusve per se ipsum possit iure laudari.*
  Übersetzung: Als das moralisch Gute verstehen wir also das, was so beschaffen ist, dass es unter Ausschließung jedes Nutzdenkens und ohne jegliche Belohnungen und Erträge für sich allein zu Recht gelobt werden kann.

  Erläuterung: Durch *igitur* wird die folgende Definition des höchsten moralischen Wertes als logische Folge des bisher Gesagten dargestellt. Solche sichtbaren Verknüpfungen helfen dem Leser, der gedanklichen Entwicklung zu folgen. Eine Folge von **Synonymen** *(utilitate … praemiis fructibusve)* verstärkt die Absolutheit des Guten von jeglichem Gewinndenken. Dieses Stilmittel stammt in dieser Form aus der juristischen Sprache. Der negativen Formulierung *(detracta … sine …)* folgt die positive *(per se ipsum)*: Das Faktum wird von allen Seiten her umfassend definiert. Ein absoluter Maßstab wird angelegt *(iure)*.

- *Quod quale sit, non tam definitione, qua sum usus, intellegi potest, quamquam aliquantum potest, quam communi omnium iudicio et optimi cuiusque studiis atque factis, qui permulta ob eam unam causam faciunt, quia decet, quia rectum, quia honestum est, etsi nullum consecuturum emolumentum vident.*
  Übersetzung: Wie dies beschaffen ist, lässt sich nicht so sehr anhand der Definition, welche ich benutzt habe, verstehen, obwohl es zu einem gewissen Grad möglich ist, als vielmehr am übereinstimmenden Urteil aller Menschen und am Streben und Tun gerade der Besten, welche unzählige Dinge allein aus diesem einen Grund tun, weil es sich so gehört, weil es richtig, weil es moralisch gut ist, auch wenn sie sehen, dass es keinen Gewinn erzielen wird.

  Erläuterung: Mit dem relativen Satzanschluss *quod* wird die Definition aufgenommen. Die Eindeutigkeit der folgenden These wird durch den präzisen Verweis auf die gerade formulierte Definition *(definitione, qua sum usus)* hergestellt. Die Aussagekraft dieser Definition erfasst das moralische Gut nicht in dem Maße, wie das die einhellige Meinung aller Menschen und das Leben der Besten tun. Wie in den politischen und staatsphilosophischen Texten ist auch hier das **exemplum** der Guten absoluter Maßstab. Erneut wird die Definition **variiert:** Die Besten tun Dinge deshalb, weil sie gut sind, nicht weil sie Gewinn daraus ziehen.

- *Homines enim, etsi aliis multis, tamen hoc uno plurimum a bestiis differunt, quod rationem habent a natura datam mentemque acrem et vigentem celerrimeque multa simul agitantem et, ut ita dicam, sagacem, quae et causas rerum et consecutiones videat et similitudines transferat et disiuncta coniungat et cum praesentibus futura copulet omnemque complectatur vitae consequentis statum.*

  Übersetzung: Denn die Menschen unterscheiden sich, wenn auch durch viele andere Dinge, so dennoch durch dies eine am meisten von den Tieren, dass sie Verstand haben, der ihnen von der Natur gegeben wurde, und eine scharfe, kraftvolle und schnelle Intelligenz, die vieles zugleich verarbeitet und eine, um es so auszudrücken, scharfsichtige, die sowohl die Ursachen als auch die Folgen von Dingen sehen und Ähnlichkeiten übertragen und Getrenntes verbinden und Zukünftiges mit Gegenwärtigem verbinden und den ganzen Zustand des folgenden Lebens erfassen kann.

  Erläuterung: Dass sie ohne Rücksicht auf einen unmittelbaren Nutzen aus rein abstrakten Erwägungen heraus handeln können, verdanken die Menschen der spezifisch menschlichen Fähigkeit, gelöst von der räumlichen und zeitlichen Gegenwart denken zu können. Die logische Verknüpfung wird durch *enim* angezeigt: Dieser lange Satz erklärt die eben beschriebene Ausrichtung der Guten auf einen abstrakten moralischen Wert. Der zentrale Begriff der Schilderung ist *ratio*. Der menschliche Verstand wird wieder in zwei Aspekte zerlegt **(Dihärese):** *ratio* als das Prinzip, *mens* gleichsam als Werkzeug. Dieser Verstand wird in einer mehrgliedrigen Aufzählung seiner Fähigkeiten gezeichnet, zunächst in einer Folge von adjektivischen bzw. partizipialen Attributen (*datam … acrem … vigentem … agitantem … sagacem …*), dann in einer **polysyndetischen Folge** von Relativsätzen (*quae et … videat et … transferat et … coniungat et … copulet …-que complectatur*). Trotz seiner Länge ist dieser Satz nicht verschachtelt, sondern **transparent** und von **Differenzierungen** und Aufzählungen bestimmt. Diese Relativsätze **konkretisieren** die eher abstrakte Beschreibung des Verstandes durch die adjektivischen Attribute.

- *Eademque ratio fecit hominem hominum adpetentem cumque iis natura et sermone et usu congruentem, ut profectus a caritate domesticorum ac suorum serpat longius et se implicet primum civium, deinde omnium mortalium societate atque, ut ad Archytam scripsit Plato, non sibi se soli natum meminerit, sed patriae, sed suis, ut perexigua pars ipsi relinquatur.*

  Übersetzung: Und derselbe Verstand brachte den Menschen dazu, die Gesellschaft von Menschen zu suchen und mit ihnen in Wesen, Sprache und Gewohnheit übereinzustimmen, sodass er, beginnend bei der Fürsorge für seine Hausgemeinschaft, sich weiterentwickelt und sich zunächst einfügt in die Gemeinschaft der Mitbürger, dann in die aller Sterblichen und, wie Platon an Archytas geschrieben hat, sich dessen bewusst ist, dass er nicht nur für sich allein geboren ist, sondern für sein Vaterland, sondern für die Seinen, sodass nur ein ganz winziger Teil für ihn selbst übrig bleibt.

  Erläuterung: Auch dieser Satz knüpft sichtbar an das eben Gesagte an: *eademque ratio*. Er hat die Funktion, die eben beschriebenen abstrakten Fähigkeiten des menschlichen Verstandes in offensichtlichen Verhaltensweisen des Menschen zu **konkretisieren**. Menschen suchen die Gemeinschaft von Menschen und sind einander ähnlich in Sprache und Lebensweise. Damit sind die Grundprinzipien des Menschen als *zoon politikon* im aristotelischen Sinn genannt. Diese soziale Ausrichtung hat keine quantitative Beschränkung; eine **Klimax** zeigt die Integration des Menschen in eine Hierarchie von Gemeinschaften, von der Familie über den Staat bis hin zur gesamten Menschheit. Der Konsekutivsatz *ut … serpat* verdeutlicht diese Eigenschaft als Folge der geistigen Natur des Menschen. Diese universale Integration bestimmt das Denken des Menschen; zum Beleg dieser Aussage beruft sich Cicero auf Platon, die höchste Autorität in ethischen Untersuchungen. – So, wie zuvor das Kollektiv in einer **Klimax** stetig ausgeweitet wurde, nimmt der Teil seiner Existenz, die dem Menschen für sich selbst übrig bleibt, in einer **Antiklimax** bis zu einer verschwindenden Winzigkeit ab *(perexigua pars)*. Der ganze Satz ist ein großes An- und wieder Abschwellen.

Die Schilderung wird im Folgenden weitergeführt, immer durch betonte Anknüpfung und durch deutlichen Bezug auf das eben Gesagte. Cicero verzichtet auf überraschende oder gewollt kunstvolle sprachliche Effekte, die er nur einsetzt, um **Transparenz** zu erzeugen oder die Aussagen durch ihre Gestaltung noch anschaulicher zu machen.

4 Zeitleiste

Römische Geschichte

83/82 v. Chr.	Bürgerkrieg zwischen Marius und Sulla
82–79	Diktatur Sullas
73–71	Sklavenaufstand unter Spartacus
60	1. Triumvirat (Pompeius, Crassus, Caesar)
58–50	Caesar Statthalter in Gallien; Gallischer Krieg
49–45	Bürgerkrieg zwischen Caesar und Pompeius sowie dessen Anhänger
45–44	Alleinherrschaft Caesars
43 v. Chr.	2. Triumvirat (Antonius, Oktavian, Lepidus)

Cicero: Leben und Werk

106 v. Chr.	Geburt am 3. Januar
80	*Pro Sexto Roscio*
79–77	Studienaufenthalt in Griechenland
75	Quästor in Sizilien
70	*In Verrem orationes*
69	Ädil
66	Prätor *Pro lege Manilia (De imperio Cn. Pompei oratio)*
63	Konsul *In Catilinam orationes*
58–57	Exil in Griechenland
56	*Pro Sestio*
55	*De oratore*
52	*Pro Milone*
51	Prokonsul in Kilikien *De re publica* (seit 54 in Arbeit), *De legibus* (unvollendet, seit 53 in Arbeit)
49	Cicero stellt sich auf die Seite des Pompeius
46	*Brutus, Orator, Pro Marcello*
45	Tod der Tochter Tullia *De finibus, Tusculanae disputationes, De natura deorum*
44	*De officiis*
44–43	*Philippicae orationes*
43 v. Chr.	Ermordung am 7. Dezember

Sallust

1 Biografie

Gaius Sallustius Crispus wurde 86 v. Chr. als Sohn einer Familie aus dem Ritterstand in Amiternum (beim heutigen L'Aquila in den Abruzzen, etwa 90 km nordöstlich von Rom) geboren. Über Kindheit und Jugend wissen wir wenig.

Mitten in den schlimmsten Kämpfen zwischen **Popularen** und **Optimaten**, ca. 54 v. Chr., begann Sallust seine politische Karriere in Rom. Im Senat stand er auf der Seite der Popularenpartei; er gehörte zu den engagiertesten Gegnern von Cicero. Vielleicht spielt er mit der Erwähnung seiner vom Ehrgeiz **motivierten** Aktivitäten auf diese Zeit der innenpolitischen Selbstzerfleischung Roms an, in der nicht der Erhalt eines gesunden Staates, sondern der eigene Vorteil und der der eigenen Partei im Fokus politischer Tätigkeit stand. Er selbst war Akteur dieses mörderischen Konflikts. Nach dem Tod des Volkstribunen Publius Clodius Pulcher wurde er selbst Volkstribun und griff Cicero, den Exponenten der Senatspartei, heftig mit einer **Invektive** an. Etwa 50 v. Chr. musste Sallust den Senat verlassen. Er schloss sich im folgenden Bürgerkrieg Caesar an. Die zwei erhaltenen Briefe Sallusts an Caesar (ca. 50 und 46 v. Chr.), in welchen er Caesar politische Ratschläge erteilte, sind möglicherweise nicht echt. Caesar revanchierte sich für Sallusts Gefolgschaft mit der Wiederaufnahme in den Senat und der Einsetzung als Statthalter der Provinz Africa. In dieser Funktion scheint sich Sallust, im Widerspruch zu seinen später formulierten politisch-moralischen Prinzipien, so hemmungslos bereichert zu haben, dass er sich in Rom ein riesiges Gartengrundstück am Fuße des Quirinal, die *horti Sallustiani*, kaufen konnte. Caesars Ermordung bedeutete für Sallust das Ende seiner Senatslaufbahn. In der Folgezeit verfasste er seine Monografien *De bello Iugurthino* und *De coniuratione Catilinae*. Sallust starb 35 oder 34 n. Chr.

2 Werke

Die beiden Monografien *De bello Iugurthino* und *De coniuratione Catilinae* stellen Episoden der Vergangenheit dar: Der Krieg gegen den Numiderkönig Iugurtha hatte etwa 111–105 v. Chr. stattgefunden; die Verschwörung Catilinas war von Cicero in seinem Konsulatsjahr 63 v. Chr. aufgedeckt und vereitelt worden. Diese beiden Ereignisse waren, für sich betrachtet, zwar bedeutend, jedoch nicht entscheidend für Roms Schicksal gewesen. Sallust interessiert an ihnen vielmehr das Agieren menschlicher Tugend und Schwäche und vor allem die Auswirkung des Egoismus und der Habgier der römischen Führungsschicht, welche er im Kontrast zu einer großen römischen Vergangenheit anprangert. Von seinem großen Geschichtswerk, den *Historien*, sind nur Teile erhalten. Ihr Thema ist die Zeit nach der Diktatur Sullas bis hin zum Aufstieg des Pompeius zur dominanten politischen Gestalt Roms im Jahr 67 v. Chr.

3 Sallust als Historiker: Das Selbstzeugnis (Cat. 3,3–4,4)

Sallust berichtet zu Beginn seines Werks über die Catilinarische Verschwörung kurz über seine eigene Entwicklung. Er schlug wie die meisten jungen Männer seines Standes eine politische Laufbahn ein:

- *Sed ego adulescentulus initio, sicuti plerique, studio ad rem publicam latus sum, ibique mihi multa advorsa fuere. Nam pro pudore, pro abstinentia, pro virtute audacia, largitio, avaritia vigebant. Quae tametsi animus aspernabatur insolens malarum artium, tamen inter tanta vitia inbecilla aetas ambitione conrupta tenebatur. Ac me, quom ab relicuorum malis moribus dissentirem, nihilo minus honoris cupido eadem, quae ceteros, fama atque invidia vexabat* (Cat. 3,3–5).
  Übersetzung: Aber ich wurde als junger Mann am Anfang wie die meisten aus Interesse von der Politik angezogen, und dort traf ich auf viel Widriges. Denn anstelle von Respekt, von Selbstbeherrschung, von Prinzipientreue blühten dort Unverschämtheit, Bestechung, Habgier. Obwohl ich diese Unarten verabscheute, da ich üble Tricks nicht gewohnt war, so wurde meine wehrlose Jugend dennoch mitten unter so großen Lastern von verdorbenem Ehrgeiz beherrscht. Und obwohl ich mit den üblen Sitten der Übrigen nicht einverstanden war, quälten mich dennoch dieselbe Gier nach Ansehen wie die anderen, die Geltungssucht und der Neid.

  Erläuterung: Sallust beschreibt sein subjektives Erleben. Seine Erwartungen waren unschuldig und offen; er war bereit, sich zu engagieren *(studio)*. Rasch verlor er seine Illusionen. Politik war ein schmutziges Geschäft, und seine von moralischen Grundsätzen getragenen Erwartungen hatten keine Chance, in dieser Welt zu bestehen. In einem **asyndetischen Trikolon**, betont durch die **Anapher** der Präposition *pro*, werden diese moralischen Werte benannt: hochstehende, vom Studium philosophischer Schriften geprägte Prinzipien, die für das Funktionieren eines idealen Staates für unerlässlich galten. Ihnen steht als **Antithese** ein zweites **asyndetisches Trikolon** von entsprechenden Lastern entgegen, welche exakt die moralische Negation der drei Tugenden darstellen. Ein junger Mann *(adulescentulus)* spürt vielleicht innerlich, dass sein Tun falsch ist; üble Machenschaften widerstreben ihm zutiefst *(quae ... animus aspernabatur)*, aber er hatte noch nicht die Charakterfestigkeit *(imbecilla aetas)*, sich dem unmoralischen Streben *(ambitione corrupta)* zu entziehen. Herdentrieb *(eadem, quae ceteros ...)*, Überlebenswille und Ehrgeiz *(honoris cupido)* ließen ihn die nichtigen Ideale seiner Altersgenossen ebenfalls für erstrebenswert halten *(fama atque invidia)*. Damit tat er seiner Seele Gewalt an *(me ... vexabat)*.

Schon hier zeigt sich ein von Sallust bewusst gesuchter altertümlicher Stil **(Archaismus)**. Er verwendet altmodische oder altmodisch klingende Wörter und Wortformen: *advorsa* statt *adversa*, *conrupta* mit aufgehobener **Assimilation** anstelle von *corrupta*, *relicuorum* statt *reliquorum*. Sehr häufig verwendet er die Endung *-ere* für die 3. Person Plural des Perfekts *(fuere statt fuerunt)*. So schafft er sprachlich eine Distanz zu der Gegenwart, welche sich im Kontrast alter römischer **virtutes** im Vergleich mit der moralischen Verkommenheit der jetzigen Gesellschaft fortsetzt. Die innere Überzeugung des Autors spiegelt sich in der Wahl seiner sprachlichen Mittel wider. Auch im Folgenden findet man **Archaismen**: *relicuom* statt *reliquum colundo* statt *colendo*, *verissume* statt *verissime*, *existumo* statt *existimo*:

- *Igitur ubi animus ex multis miseriis atque periculis requievit et mihi relicuam aetatem a re publica procul habendam decrevi, non fuit consilium socordia atque desidia bonum otium conterere, neque vero agrum colundo aut venando, servilibus officiis, intentum aetatem agere. Sed a quo incepto studioque me ambitio mala detinuerat, eodem regressus statui res gestas populi Romani carptim, ut quaeque memoria digna videbantur, perscribere, eo magis, quod mihi a spe, metu, partibus rei publicae animus liber erat* (Cat. 4,1 f.).
  Übersetzung: Sobald ich also von den vielen Missständen und Gefahren Abstand gewonnen und beschlossen hatte, mein restliches Leben fern von der Politik zu verbringen, war es nicht mein Plan, mein gutes Privatleben in Tatenlosigkeit und Trägheit aufzureiben und

auch nicht ein durch Landwirtschaft und Jagen – beides Sklavenpflichten – erfülltes Leben zu verbringen. Sondern zu dem Vorhaben und dem Engagement, von dem mich mein schlimmer Ehrgeiz abgehalten hatte, kehrte ich zurück, und ich beschloss, die Geschichte des römischen Volkes in Auswahl, je nachdem, wie die Dinge erinnerungswürdig schienen, niederzuschreiben, und das umso mehr, als ich frei von Hoffnung, Furcht, politischer Parteilichkeit war.

Erläuterung: Die politischen Ambitionen endeten mit dem Wiedererwachen der ethischen Grundsätze. Sallust beschreibt das als Genesung *(requievit)*. Die Frage, wie er sein weiteres Leben verbringen sollte, wurde durch ein neues Vorhaben beantwortet. Die übliche Beschäftigung von Menschen, die sich aus der Politik zurückgezogen hatten, ein ländliches Leben mit adligen Vergnügungen, kam für Sallust nicht infrage; die finanziellen Möglichkeiten hätte er wohl gehabt, sonst hätte sich die Alternative nicht gestellt. Mit der Bezeichnung *servilibus officiis* ist nicht nur gemeint, dass die Landwirtschaft und das Jagen Aufgaben von Sklaven gewesen wären; im **Proömium** hatte Sallust dargestellt, dass ein von Tag zu Tag taumelndes Leben ohne geistige Betätigung und ohne Spuren der Erinnerung nicht menschenwürdig sei. Der Verstand, eine göttliche Eigenschaft, verpflichtet den Menschen zu höheren Dingen, zur Politik oder zur Wissenschaft und Schriftstellerei. Beide Tätigkeiten führen den Menschen aus dem spurlosen Dahinvegetieren heraus in das Licht des Ruhms, wie er in Kapitel 3 sagt: *Pulchrum est bene facere rei publicae, etiam bene dicere haud absurdum est. Vel pace bel bello clarum fiere licet, et qui facta aliorum scripsere, multi laudantur* (Glanzvoll ist es, dem Staat zu nützen, auch gut zu sprechen ist nichts Abwegiges. Man kann entweder durch Frieden oder durch Krieg berühmt werden, und viele, welche die Taten der anderen niedergeschrieben haben, werden gepriesen). Aus dieser Verpflichtung zu öffentlicher Tätigkeit sprechen **stoische** Überzeugungen. Nun bleiben Sallust also die Wissenschaft und die schriftstellerische Tätigkeit, um seiner Mit- und Nachwelt zu nützen, indem er den Menschen anhand ausgewählter *(carptim)* Ereignisse nachahmenswerte oder abschreckende Beispiele als Leitlinie darbietet.

- *Igitur de Catilinae coniuratione, quam verissume potero, paucis absolvam. Nam id facinus in primis ego memorabile existumo sceleris atque periculi novitate* (Cat. 4,3 f.).

Übersetzung: Folglich werde ich über die Verschwörung des Catilina, so wahrheitsgetreu ich das kann, mit wenigen Worten berichten.

Denn diese Untat halte ich für ganz besonders erinnernswert wegen der Neuheit des Verbrechens und der Gefahr.

Erläuterung: *Igitur* zeigt an, dass die Wahl des Sujets die direkte Folge der obigen Erwägungen ist. Die Verschwörung Catilinas war ein neuartiges und einzigartiges Verbrechen und eignet sich daher besonders, um die Abgründe der menschlichen Seele und die Verderbtheit des Staates und der Gesellschaft darzustellen, um möglicherweise einen Prozess der Selbsterkenntnis einzuleiten. In diesen Ereignissen lassen sich die schlimmsten, destruktivsten Laster politischer Akteure, *luxuria* (Verschwendungssucht) und *avaritia* (Habgier, Egoismus), besonders deutlich erkennen.
Die Beteuerung, die Geschichte in höchster Wahrheitstreue darzustellen *(quam verissume potero)*, gehört zum üblichen Bestand des historiografischen Programms. Antike Geschichtsschreiber betonten ihre Unparteilichkeit und ihre Detailgenauigkeit. Bei Tacitus werden wir diese Absicht wiederfinden.

4 Sprachliche Darstellung

1 Roms moralischer Niedergang: Die „Archäologie" (Cat. 6–13)

Da es Sallusts Plan ist, anhand eines politischen Einzelereignisses etwas Größeres aufzuzeigen, da deshalb die Verschwörung des Catilina nur das Medium ist, welches den Sittenverfall in der römischen Führungsschicht sichtbar werden lässt, leitet er die eigentliche Darstellung der Ereignisse durch einen Abriss der römischen Geschichte von ihren Anfängen bis in die Gegenwart ein. Denn die Entwicklung der Moral steht in direktem Zusammenhang mit dem Überlebenskampf des frühen Rom, mit seinem Aufstieg zur Weltmacht und zur Alleinherrschaft. Diesen Geschichtsexkurs nennt man in Anlehnung an eine vergleichbare Passage des griechischen Historikers Thukydides die „Archäologie", die Erzählung von der alten Zeit.
Die Frühzeit wird als ideal beschrieben. In den ersten Kriegen, in denen Rom sich gegen Nachbarn und auswärtige Könige bewähren musste, gehörten Selbstlosigkeit und notfalls die Selbstopferung zu Notwendigkeiten des Überlebenskampfes. Auch im Umgang mit besiegten Gebieten und Provinzen galten hohe moralische Prinzipien. Der Senat erwies sich damals als wahrhaft väterliche Führungsinstanz, woher auch die Bezeichnung *patres* für die Senatoren stammt, so Sallust. Schon hier wirkte neben der Selbstlosigkeit der persönliche Drang, sich hervorzutun *(ambi-*

tio), aber in staatsdienlicher Weise. Es herrschten in Krieg und Frieden hohe moralische Werte *(boni mores)*. Im Inneren bestimmte Einmütigkeit *(concordia)* den politischen Umgang der Bürger untereinander, ein in Sallusts Gegenwart längst verlorenes Prinzip.
Dann veränderte sich das Bild. Ausgerechnet die großen Siege führten zum inneren Untergang Roms:

- *Sed ubi labore atque iustitia res publica crevit, reges magni bello domiti, nationes ferae et populi ingentes vi subacti, Carthago aemula imperi Romani ab stirpe interiit, cuncta maria terraeque patebant, saevire fortuna ac miscere omnia coepit. Qui labores, pericula, dubias atque asperas res facile toleraverant, iis otium divitiaeque, optanda alias, oneri miseriaeque fuere. Igitur primo pecuniae, deinde imperi cupido crevit: Ea quasi materies omnium malorum fuere. Namque avaritia fidem, probitatem ceterasque artis bonas subvortit; pro his superbiam, crudelitatem, deos neglegere, omnia venalia habere edocuit. Ambitio multos mortalis falsos fieri subegit, aliud clausum in pectore, aliud in lingua promptum habere, amicitias inimicitiasque non ex re, sed ex commodo aestumare, magisque voltum quam ingenium bonum habere. Haec primo paulatim crescere, interdum vindicari; post ubi contagio quasi pestilentia invasit, civitas inmutata, imperium ex iustissumo atque optumo crudele intolerandumque factum* (Cat. 10).
  Übersetzung: Aber sobald der Staat durch Anstrengung und Gerechtigkeit gewachsen war, mächtige Könige im Krieg bezwungen, wilde Stämme und ungeheure Völker mit Gewalt unterworfen worden waren, Karthago als Rivalin der römischen Herrschaft restlos untergangen war und alle Meere und Länder offenstanden, da begann das Schicksal zu wüten und alles durcheinanderzubringen. Menschen, die Anstrengungen, Gefahren, kritische und mühevolle Situationen leicht ausgehalten hatten, denen wurden Frieden und Reichtum, eigentlich wünschenswerte Dinge, zur Last und zum Elend. Also wuchs zuerst die Gier nach Geld, dann die nach Macht: Diese waren gleichsam der Grundstoff für alle Übel. Denn die Habgier stellte die Zuverlässigkeit, die Redlichkeit und die übrigen guten Eigenschaften auf den Kopf; statt ihrer lehrte sie Hochmut, Grausamkeit, die Götter zu ignorieren, alles als käuflich zu betrachten. Ehrgeiz zwang viele Sterbliche, falsch zu werden, eine Sache in der Brust verschlossen, die andere leichtfertig auf der Zunge zu haben, Freundschaften und Feindschaften nicht nach der Wirklichkeit, sondern nach dem Vorteil einzuschätzen, eher eine gute Miene als eine gute Gesinnung zu haben. Diese Unarten wuchsen zunächst allmählich, zuweilen wurden sie bestraft; später, als die Ansteckung wie eine Seuche eindrang,

wandelte sich die Bürgerschaft, die Herrschaft entwickelte sich von der gerechtesten und besten zu einer grausamen und unerträglichen.

Erläuterung: Die alten, hohen Werte hatten Rom in die Lage versetzt, starke auswärtige Feinde zu besiegen und zu unterwerfen. Am Ende einer **Klimax**, bestehend aus fünf **asyndetisch** gereihten Elementen mit ansteigender Größe, steht der Sieg über Karthago als Höhe- und Endpunkt des Aufstiegs zur einzigen Weltmacht. Die Angabe *ab stirpe interiit* markiert ein exaktes historisches Datum, das Jahr 146 v. Chr., in dem der dritte Punische Krieg mit der völligen Vernichtung Karthagos einen mehr als hundertjährigen Überlebenskampf beendete. Nun gab es keinen Gegner mehr für Rom: *cuncta maria terraeque patebant.* Der Beginn des Hauptsatzes signalisiert den Umschwung durch das beginnende Wüten eines neuen, nicht greifbaren Feindes, des Schicksals, der die schöne neue Ordnung zerstörte *(saevire fortuna ac miscere omnia coepit).* Das Schicksal wird **personifiziert**. Die Unbegreiflichkeit dieser Wende zeigen die **Antithesen** im folgenden Satz *(labores, pericula, dubias atque asperas res – otium divitiaeque),* welche in der scheinbar widersinnigen Feststellung **(Oxymoron)** münden, dass Frieden und Reichtum für diese Römer Last und Elend bedeuteten. Das neue **Motiv** *cupido* schließt die gesellschaftliche und politische Mitwelt aus und hat nur noch die eigene Person zum Gegenstand; so wird die ehemalige *concordia* der Bürger zerstört. Durch zwei Attribute wird der Begriff *cupido* **differenziert:** Die Gier gilt einerseits dem Geld *(cupido pecuniae),* andererseits der Macht *(imperi),* und für beide Aspekte verwendet Sallust eigene Vokabeln: *avaritia* und *ambitio.* Jedes dieser beiden Laster wirkt in einem anderen Bereich: Geldgier zerstört die Moral *(fidem, probitatem ceterasque artis bonas)* und erzeugt deren **Antithese** *(superbiam, crudelitatem, deos neglegere, omnia venalia habere),* Machtgier erzeugt Lüge und Unaufrichtigkeit *(falsos fieri).* Dieses Falschwerden wird in der folgenden **Dihärese differenziert** und **konkretisiert**. Beide Aspekte der Gier handeln **personifiziert:** Sie lehren die Menschen *(edocuit),* zwingen sie zu ihrem Handeln *(subegit).* Sallust schildert das Leiden der Römer an Geld- und Machtgier mit einer **Allegorie** von Krankheit und Leiden *(contagio, pestilentia).* Das Ergebnis ist die völlige Verkehrung der Bürgerschaft *(civitas inmutata)* und daraus folgend der Ruin der Gerechtigkeit römischer Herrschaft im Inneren wie im Äußeren *(imperium ex iustissumo atque optumo crudele intolerandumque factum).* Der Kreis zum ersten Satz des Kapitels ist geschlossen, der Niedergang vollzogen.

Im Folgenden führt Sallust diese Schilderung weiter und beschreibt die verurteilenswerte Handlungsweise seiner Zeitgenossen im Detail: ihre Prunktsucht, ihre Schrankenlosigkeit im Raub und Erwerben von Reichtümern, das Fehlen jeglicher Scham in der Anwendung von Macht im politischen Bereich, wenn der eigenen Vorteil gesucht wird, die Maßlosigkeit beim Bau privater Paläste, unsagbare sexuelle Perversionen und Ausschweifungen. Catilina erscheint nach diesem Katalog von Schändlichkeiten nur noch als einer von vielen und er hat es leicht, Anhänger zu finden: *In tanta tamque conrupta civitate Catilina, id quod factu facillumum erat, omnium flagitiorum atque facinorum circum se tamquam stipatorum catervas habebat* (In einer so großen und so verkommenen Bürgerschaft hatte Catilina, was völlig leicht zu schaffen war, Haufen aus allen Verbrechen und Untaten gleichsam als Leibwächter um sich, Cat. 14,1). Catilina ist nach der Archäologie kein Extremverbrecher mehr, sondern ein typisches Produkt der römischen Gesellschaft.

Zur sprachlichen Besonderheit: Der verkürzte Genitiv Singular der o-Deklination *(imperi)* ist üblich bei Sallust; ebenso die Perfektform *fuere* statt *fuerunt*. Ungewöhnliche **Wortwahl** findet sich bei Sallust immer wieder: Statt *materia* verwendet er die seltenere Form *materies; mortales* statt *homines, edocuit* statt *docuit*. Sehr häufig steht die lange Endung *-is* für den Akkusativ Plural der dritten Deklination (*artis* statt *artes, mortalis* statt *mortales*). In *subvortit* liegt ein **Archaismus** vor; zu Sallusts Lebzeiten sagte man längst *subvertit*; ebenso in *aestumare* statt *aestimare, voltum* statt *vultum, iustissumo* und *optumo* statt *iustissimo* und *optimo*. Ein **Archaismus** ist auch die Aufhebung der **Assimilation** bei *inmutata* statt *immutata*. Der Infinitivus historicus wird statt finiter Vergangenheitsformen benutzt *(crescere … vindicari)*.

2 Caesar und Cato: Die Synkrisis (Cat. 50–53)

Die Verschwörung Catilinas wurde durch Geschwätzigkeit einzelner Verschwörer und durch Anzeigen entdeckt. Cicero, der Konsul, ergriff sofort Maßnahmen, um Mordanschläge gegen Amtsinhaber zu verhindern, rief den Senat zusammen und entlarvte Catilina vor aller Öffentlichkeit. Catilina verließ daraufhin die Stadt. Seine Mitverschwörer blieben, bis dahin unerkannt, in Rom, bis ihre Identität durch eine Anzeige aufgedeckt wurde. Cicero ließ sie verhaften und in einer Senatssitzung über ihre Verurteilung beraten.
In dieser Diskussion hebt Sallust zwei Personen besonders hervor. Die Konfrontation der politischen Überzeugungen in Gestalt zweier promi-

nenter Figuren nennt man mit einem griechischen Wort Synkrisis (Zusammenschau). Gaius Iulius Caesar plädierte für ein milderes Urteil, nämlich Gefängnishaft, und Marcus Porcius Cato in altväterlicher Strenge für die Hinrichtung. Der Senat folgte dem Antrag Catos.
Im Anschluss an das Redenpaar formuliert Sallust in einem **Exkurs** seine Gedanken zu diesen beiden Exponenten der rivalisierenden Parteien. Als er sie niederschrieb, waren beide schon tot. Cato hatte sich selbst getötet, als er nach der völligen Niederlage der Senatspartei gegen Caesar der Gefangennahme entgehen wollte; Caesar war von Senatoren ermordet worden, weil diese seine Diktatur nicht mehr ertragen und die alte Staatsform wieder herstellen wollten. Sallust spricht also über eine unwiederbringlich verlorene Vergangenheit.

- *Sed mihi multa legenti, multa audienti, quae populus Romanus domi militiaeque, mari atque terra praeclara facinora fecit, forte lubuit adtendere, quae res maxume tanta negotia sustinuisset. Sciebam saepenumero parva manu cum magnis legionibus hostium contendisse. Cognoveram parvis copiis bella gesta cum opulentis regibus, ad hoc saepe fortunae violentiam toleravisse, facundia Graecos, gloria belli Gallos ante Romanos fuisse. Ac mihi multa agitanti constabat paucorum civium egregiam virtutem cuncta patravisse, eoque factum, uti divitias paupertas, multitudinem paucitas superaret. Sed postquam luxu atque desidia civitas conrupta est, rursus res publica magnitudine sui imperatorum atque magistratuum vitia sustentabat ac, sicuti effeta esset partu, multis tempestatibus haud sane quisquam Romae virtute magnus fuit. Sed memoria mea ingenti virtute, divorsis moribus fuere viri duo, M. Cato et C. Caesar. Quos quoniam res obtulerat, silentio praeterire non fuit consilium, quin utriusque naturam et mores, quantum ingenio possum, aperirem* (Cat. 53,2–6).
  Übersetzung: Aber als ich vieles las, vieles hörte, was das römische Volk in Frieden und im Krieg, zu Wasser und zu Land an ruhmvollen Taten vollbrachte, da ergriff mich das dringende Verlangen, meine Aufmerksamkeit darauf zu richten, welcher Faktor am allermeisten solche Leistungen ermöglicht hatte. Ich wusste, dass man oftmals mit einer kleinen Schar gegen große Einheiten von Feinden gekämpft hatte. Ich hatte von Kriegen erfahren, die man mit geringen Kräften gegen mächtige Könige geführt hatte, dass man zudem oft die brutale Härte des Schicksals ausgehalten hatte, dass an Redekunst die Griechen, an Kriegsruhm die Gallier den Römern voraus gewesen waren. Und als ich vieles überlegte, stand für mich fest, dass die herausragende Tugend weniger Bürger all dies zustande gebracht hatte und dass es dadurch geschehen konnte, dass Armut den Reichtum, eine

Minderheit eine überlegene Mehrheit schlagen konnte. Aber nachdem die Bürgerschaft durch Überfluss und Erschlaffung verdorben worden war, da konnte wiederum der Staat durch seine bloße Größe die Laster seiner Machthaber und seiner Beamten aushalten, und es existierte, als wäre er (der Staat) durch das Gebären erschöpft gewesen, lange Zeit kaum jemand in Rom, der durch seine Tugend bedeutend war. Aber nach meiner Erinnerung gab es zwei Männer, die von unfassbarer Tugend, aber von gegensätzlichem Charakter waren, Marcus Cato und Gaius Caesar. Da mir das Thema diese beiden nahegebracht hatte, war mein Plan nicht, sie in Schweigen zu übergehen, ohne das Wesen und den Charakter jedes der beiden, soweit ich das mit meinen geistigen Mitteln kann, offenzulegen.

Erläuterung: Sallust reflektiert erneut, wie der einzigartige Aufstieg Roms auf allen Gebieten angesichts des aktuellen desolaten Zustandes des Staates zu erklären ist. Zu denken ist an kulturelle und juristische Errungenschaften, an militärische, an technische, an administrative. All diese Kategorien sind unter *domi militiaeque, mari atque terra* zu verstehen. Der Historiker bringt seine eigene Person zur Sprache, seine Recherche – er hat Schriftquellen und Zeitzeugenberichte verarbeitet *(multa legenti, multa audienti)* –, und er schildert, welche subjektiven Gedanken *(mihi)* ihn dabei bewegt haben. Ein Wissenschaftler nimmt Fakten zur Kenntnis, dann stellt er Fragen: *forte lubuit adtendere.* Die Erkenntnis aus seinen Recherchen besagt, dass die Römer angesichts ihrer Ressourcen *(parva manu …, parvis copiis …)* gar nicht hätten so erfolgreich sein können. Zudem waren die anderen materiell *(cum magnis legionibus hostium; cum opulentis regibus)*, kulturell *(facundia)* und an militärischen Erfolgen *(gloria belli)* weit überlegen gewesen. Mit exakter wissenschaftlicher Folgerung kommt Sallust zu einem Resultat: Es lag an den Leistungen von Einzelpersonen *(paucorum civium egregiam virtutem)*. Diese **virtus** versetzt *paupertas* und *paucitas* in die Lage, es mit *divitiae* und *multitudo* aufzunehmen, kann also quantitative und qualitative Unterlegenheit ausgleichen.

Nach dem Aufstieg Roms trat der Zustand ein, den Sallust schon in der Archäologie geschildert hat: *luxu atque desidia civitas conrupta est.* Dennoch stürzte Rom nicht ab, denn es war jetzt so groß, dass es nicht mehr untergehen konnte, dass es das Versagen der tragenden Personen einfach wegstecken konnte (*res publica magnitudine sui imperatorum atque magistratuum vitia sustentabat*). Jedoch trat keine personelle Erneuerung ein. Rom konnte keine großen Leute mehr hervorbringen; Sallust vergleicht dieses Manko mit der Erschöpfung einer Mutter nach vielen Geburten *(sicuti effeta esset partu)*. Cato und

Caesar sind in dieser glanzlosen Zeit einzigartige Phänomene, in denen die ***virtus*** wieder sichtbar ist. Ihre gegensätzliche politische und gedankliche Position (*divorsis moribus*) ist eine von Sallust nicht explizit angesprochene Tragik; auch er schreibt in Bürgerkriegszeiten, in denen es nicht geraten ist, sich einseitig für einen senatorischen Politiker (Cato) oder für Caesar auszusprechen. Die Wahl ausgerechnet dieser beiden Personen ist auffallend. Sallust empfindet ihre Rollen als so bemerkenswert, dass er ihnen am Höhepunkt seiner Monografie die längsten Passagen des Textes als wörtliche Reden in den Mund legt, nicht etwa Cicero, dessen vier Catilinarische Reden ja ebenfalls bekannt und bis heute überliefert sind. Zahlreiche **Archaismen** prägen auch diese Passage: *lubuit* statt *libuit*, *adtendere* statt *attendere*, *maxume* statt *maxime*, *conrupta* statt *corrupta*, *divorsis* statt *diversis*. Sallust verwendet Ausdrücke und sprachliche Elemente, die man so eher in der Dichtung erwarten würde: die ***figura etymologica*** *praeclara facinora fecit*, die feierlich anmutet, wieder die **Personifikation** des Schicksals *fortunae violentiam*, die **Tmesis** *ante … fuisse* anstatt *Romanis antefuisse*. Die **Wortwahl** ist ungewöhnlich und gesucht: *saepenumero*, *sustentabat* statt *sustinebat*, *tempestatibus* statt *temporibus*. Er benutzt das Participium coniunctum anstelle eines Temporalsatzes: *mihi multa legenti, multa audienti*; *multa agitanti* nimmt diese Formulierung in einem **Parallelismus** erneut auf bis hin zum unpersönlichen Prädikat *constabat*, das gleich konstruiert ist wie oben *lubuit*. *Multa* wird betont am Anfang der Wendungen wiederholt **(Anapher)**. Eine Art von **Anapher** ereignet sich gleich wieder: Die beiden folgenden Sätze beginnen mit Verben, die Wissen ausdrücken (*sciebam … cognoveram*), aber in einer ***variatio*** vermeidet Sallust jetzt die wörtliche Doppelung. Wieder finden wir die **Ellipse** als Element der ***brevitas:*** das Subjekt des AcI fehlt zweimal (*parva manu … contendisse; fortunae violentiam toleravisse*); ebenso fehlt *esse* (*bella gesta; eoque factum*). **Archaismen**, besondere **Wortwahl** und kompositorische Besonderheiten erzeugen den Eindruck der Erhabenheit, welche die Größe des Geschilderten sichtbar machen soll.

3 Das Ende der Verschwörer (Cat. 61)

Catilina hatte nach der Aufdeckung seiner Pläne durch Cicero die Stadt verlassen und sich zu seinem Komplizen Manlius begeben, der in Etrurien ein Heer von Gleichgesinnten aus allen Ständen sammelte. Nach der Hinrichtung der in Rom entlarvten Verschwörer zog im Januar 62 v. Chr. ein staatliches Heer (*exercitus populi Romani*) nach Norden, um diese Streitmacht zu besiegen. Die Schlacht bei Pistoria (heute Pistoia) war schwierig und gefährlich, da das Verschwörerheer keine Gnade zu erwarten hatte und daher bis zum Tod Widerstand leistete.

- *Sed confecto proelio, tum vero cerneres, quanta audacia quantaque animi vis fuisset in exercitu Catilinae. Nam fere quem quisque pugnando locum ceperat, eum amissa anima corpore tegebat. Pauci autem, quos medios cohors praetoria disiecerat, paulo divorsius, sed omnes tamen advorsis volneribus conciderant. Catilina vero longe a suis inter hostium cadavera repertus est, paululum etiam spirans ferociamque animi, quam habuerat vivos, in voltu retinens. Postremo ex omni copia neque in proelio neque in fuga quisquam civis ingenuos captus est: ita cuncti suae hostiumque vitae iuxta pepercerant. Neque tamen exercitus populi Romani laetam aut incruentam victoriam adeptus erat. Nam strenuissumus quisque aut occiderat in proelio aut graviter vulneratus discesserat. Multi autem, qui e castris visendi aut spoliandi gratia processerant, volventes hostilia cadavera amicum alii, pars hospitem aut cognatum reperiebant; fuere item, qui inimicos suos cognoscerent. Ita varie per omnem exercitum laetitia, maeror, luctus atque gaudia agitabantur* (Cat. 61).

  Übersetzung: Aber nach dem Ende des Kampfes, da hätte man wahrhaft sehen können, welcher Mut und welche geistige Standhaftigkeit im Heer Catilinas geherrscht hatten. Denn welchen Ort jeder Einzelne beim Kämpfen eingenommen hatte, fast denselben bedeckte er nach dem Verlust seines Lebens mit seiner Leiche. Wenige aber, welche die Prätorianerkohorte im Zentrum auseinandergesprengt hatte, waren ein wenig weiter entfernt, aber dennoch mit Wunden von vorne gefallen. Catilina aber wurde weit entfernt von seinen Leuten unter den Leichen seiner Feinde gefunden, wobei er sogar noch ein wenig atmete und die Wildheit seiner Seele, welche er im Leben gehabt hatte, in seiner Miene bewahrte. Letztendlich wurde von der ganzen Menge weder im Kampf noch bei der Flucht irgendein freigeborener Bürger gefangen genommen: So hatten alle ihr eigenes Leben genauso wenig geschont wie das ihrer Feinde. Und dennoch hatte das Heer des römischen Volkes weder einen frohen noch einen unblutigen Sieg errungen. Denn gerade die Tapfersten waren im Kampf gefallen oder schwer verwundet daraus hervorgegangen. Viele aber, die aus dem Lager hergekommen waren, um zu schauen oder zu plündern, fanden, als sie feindliche Leichen umdrehten, teils einen Freund, teils einen Gastfreund oder einen Verwandten; es gab auch Leute, welche ihre Feinde wiedererkannten. So wurden wechselnd überall im Heer Glück, Trauer, Jammer und Freude zum Ausdruck gebracht.

Erläuterung: Das Schlusskapitel konstatiert, dass die Eigenschaften, welche Rom groß gemacht hatten, auch noch in denjenigen römischen Bürgern verkörpert waren, welche im Zuge der Korrumpierung der Gesellschaft und durch das Mitwirken am destruktiven Verbrechen Catilinas eigentlich das römische Wesen verraten hatten. ***Virtus*** ist so genuin römischer Persönlichkeitsbestandteil, dass sie von einer verbrecherischen Gesinnung nur überlagert, nicht ausgelöscht wird und in einer extremen Situation, wie hier in der Schlacht, wieder zutage tritt, allerdings grausam entartet im Kampf von Römern gegen Römer. Hierin liegt die Tragik dieses Schlusskapitels. Römer haben heldenhaft gekämpft, ihre Gegner ohne Rücksicht auf das eigene Leben angegriffen, sie haben an Flucht nicht gedacht und sind von vorne verwundet worden; aber ihre Gegner waren Römer. Das Elend der römischen Gesellschaft zeigt sich im Schlusssatz: Auch die Sieger konnten nicht ausgelassen feiern, sondern beweinten Freunde und Verwandte auf beiden Seiten.
Was Sallust hier schildert, ist das Resultat von Wahnsinn, von geistiger Krankheit, deren Wirken er in der Archäologie beschrieben hat.
Das **Hyperbaton** *quem quisque pugnando locum ceperat* zeichnet die kämpfende Person, die an ihrem Ort steht. Das Gerundium *pugnando* statt eines Participium coniunctum *(pugnans)* oder einer präpositionalen Formulierung *(in pugna)* ist auffallend und gesucht, ebenso der Ausdruck *amissa anima* statt etwa *mortuus*. In *pepercerant* liegt ein bitterer Sarkasmus: Die Kämpfenden hatten das Leben des Gegners genauso geschont wie das eigene, also überhaupt nicht. Eine Form der **Metonymie** liegt in *hostilia cadavera* vor: Eigentlich sind nicht feindliche Leichen, sondern die Leichen der Feinde gemeint. Man kann von *adiectivum pro genitivo* sprechen. Die Verwirrung der Gefühle wird im Schlusssatz deutlich, der Freude und Trauer in zwei **antithetischen** Paaren mischt, die zudem **chiastisch** gestellt sind (Freude, Trauer, Trauer, Freude).
Wie im ganzen Werk benutzt Sallust auch im Schlusskapitel **archaistische** Formen: *divorsius* und *advorsis* statt *diversius* und *adversis*, *volneribus* statt *vulneribus*, *vivos* statt *vivus*, *voltu* statt *vultu*, *ingenuos* statt *ingenuus*.

5 Zeitleiste

Römische Geschichte		Sallust: Leben und Werk	
111 bis 105 v. Chr.	Iugurthinischer Krieg		
		86 v. Chr.	Geburt am 1. Oktober
82–79	Diktatur Sullas		
63	Konsulat Ciceros; Catilinarische Verschwörung		
54	Caesars 2. Britannienfeldzug	54	Beginn der politischen Laufbahn
52	Tod des Volkstribunen P. Clodius Pulcher	52	Volkstribun
		50	Ausschluss aus dem Senat (1. Brief an Caesar?)
49	10. Januar: Caesar überschreitet den Rubicon; Beginn des Bürgerkriegs	49	Teilnahme am Bürgerkrieg auf der Seite Caesars
48	Tod des Cn. Pompeius		
46	Caesars Sieg über das Senatsheer bei Thapsos (Afrika); Caesar Diktator für zehn Jahre	46	Prokonsul in Africa Nova (2. Brief an Caesar?)
44	Caesar Diktator auf Lebenszeit; 15. März: Ermordung Caesars; Beginn des Konflikts zwischen Senat und Caesar-Anhängern	44	Rückzug Sallusts ins Privatleben; schriftstellerische Arbeit
43	November: 2. Triumvirat (Antonius, Oktavian, Lepidus); Proskriptionen		
42	Schlacht bei Philippi	42	*De coniuratione Catilinae*
40	Vertrag von Brundisium	40	*De bello Iugurthino*
38 v. Chr.	Heirat von Oktavian und Livia	38	Arbeit an den *Historiae* (bis zum Tod)
		35/34 v. Chr.	Tod am 13. Mai

Vergil

1 Biografie

Es gibt wenige gesicherte Daten über das Leben von Publius Vergilius Maro. Ein „täuschender Reichtum an biografischen Texten“[2] – so der Latinist Werner Suerbaum über die Vielzahl von Autoren und Quellen, welche Informationen über Ereignisse und Daten von Vergils Biografie enthalten – bietet kaum verlässliche Fakten. Wir kennen Tag und Ort von Geburt und Tod des Dichters: Er wurde am 15. Oktober 70 v. Chr. in dem kleinen Ort Andes in der Nähe von Mantua am Ufer des Po geboren; er starb am 21. Dezember 19 v. Chr. auf der Rückreise von Griechenland nach Rom in Brundisium, heute Brindisi. In Neapel gibt es ein Grabmonument, das als Grab Vergils gilt.
Über seinen familiären Hintergrund wissen wir ebenfalls wenig. Offenbar war sein Vater in der Lage, dem Sohn eine umfassende literarische Bildung zu ermöglichen. In den *Bucolica* bzw. *Eclogae* spiegeln sich möglicherweise persönliche Erlebnisse im Zusammenhang mit der Enteignung von Grundbesitz, die sich im Zuge der Bürgerkriege nach Caesars Tod in vielen Teilen Italiens ereignet hat. Die rivalisierenden Feldherren versorgten ihre Veteranen mit Land, das den angestammten Besitzern, oft mit der Begründung politischer Gegnerschaft, weggenommen wurde. Wahrscheinlich hatte die Familie Vergils bei Mantua Land, das von solchen Konfiskationen durch den jungen Oktavian, den späteren Augustus, betroffen war; die Intervention des Asinius Pollio, eines Gefolgsmanns der Caesar-Partei in den Kriegen gegen den Senat, rettete Vergils Familie jedoch ihr Eigentum.
Vergils Dichtungen weckten die Aufmerksamkeit des Maecenas, eines engen Freundes und Ratgebers Oktavians. Nach der Veröffentlichung der Eklogen etwa um das Jahr 40 v. Chr. war Vergil einer der Literaten und Künstler, die Maecenas um sich versammelte und in jeder Hinsicht unterstützte. In den folgenden Jahren verfasste Vergil sein Lehrgedicht *Georgica*.
Nach dem Sieg bei Actium über seinen letzten großen Rivalen Marcus Antonius (31 v. Chr.) bat Oktavian Vergil um die Schaffung eines **Epos**, dessen Thema Aeneas und Roms Größe sein sollten. Dies berichtet der

2 Suerbaum, Werner: Vergils Aeneis. Epos zwischen Geschichte und Gegenwart. Stuttgart 1999, S. 376.

Elegiker Propertius (2,34b,37–40). Bis zum Ende seines Lebens arbeitete Vergil an der *Aeneis*. Die Biografen sind sich darin einig, dass Vergil seine Werke nicht mit Leichtigkeit schuf, sondern mit viel Mühe und ständigen Revisionen, sodass die *Aeneis*, als der Dichter den Tod nahen spürte, nicht die Form hatte, mit welcher er zufrieden war. Angeblich hatte er testamentarisch verfügt, dass alles, was er nicht zu Lebzeiten selbst herausgegeben hatte, vernichtet werden sollte. Augustus setzte sich nach Vergils Tod über diese Bestimmung hinweg. Vergil wurde vor den Toren Neapels an der Straße nach Puteoli beigesetzt. Der in einer seiner Biografien überlieferte Grabspruch Vergils lautet:

Mantua me genuit, Calabri rapuere. Tenet nunc
Parthenope. Cecini pascua, rura, duces.

Übersetzung: Mantua hat mich geboren, Kalabrien hat mich dahingerafft. Es hält mich nun Neapel. Ich habe gesungen von Hirten, Landwirtschaft und Anführern.

Erläuterung: In diesem Epigramm werden Geburts-, Sterbe- und Bestattungsort genannt; zudem die Themen der drei großen Werke, der *Bucolica* oder *Eclogae*, der *Georgica* und der *Aeneis*.

2 Werke

1 *Bucolica*

Die *Bucolica* Vergils sind ein Korpus von zehn hexametrischen Gedichten in der Tradition der hellenistischen Hirtendichtung, deren Hauptvertreter Theokritos (erste Hälfte des 3. Jh. v. Chr.) ist. Dieser poetische Typus entstand in einer Zeit, in welcher das ländliche Leben, vor allem das der Hirten (*boukolos:* griech. „Rinderhirt") in einer idealisierenden, idyllischen Weise stilisiert wird. Solche Gedichte schildern eine Szene (*eidyllion:* griech. „Bildchen"); sie sind meist dialogisch angelegt. Ihre Themen sind vor allem Liebe und Eifersucht, aber auch das Naturidyll – der ***locus amoenus*** –, die Jahreszeiten. In ihrem Preis des Landlebens stellt die Hirtendichtung eine sehr urbane Sicht auf die vermeintlich sorglose Welt der Hirten dar.

Vergil übernimmt wesentliche Elemente dieser Gattung. Seine Hirten und Hirtinnen tragen die typischen Namen der griechischen Vorbilder: Tityrus, Meliboeus, Daphnis, Menalcas, Galatea, Amaryllis usw.; die Gedichte sind zumindest teilweise dialogisch und es finden sich die bukolischen **Motive** wieder. Vergil kopiert aber die traditionelle Bukolik nicht

einfach, er benutzt ihre Formen im Stil des ***poeta doctus***, der mit Gattungsmerkmalen und Inhalten spielt, zur Schaffung einer neuen Gestaltung. Vergils Hirten sprechen über das Vieh, über Liebe, Musik und andere Themen; aber sie leben in einer anderen Welt als ihre griechischen Vorbilder. Dies wird vor allem in der 1. und in der 9. Ekloge sichtbar.
Eine Sonderstellung nimmt die 4. Ekloge ein, welche im Laufe der Jahrhunderte vielfältig interpretiert wurde bis hin zur These, dass Vergil die Geburt Christi vorhergesehen habe. In der 4. Ekloge wird die Geburt eines göttlichen Kindes angekündigt, mit der ein neues Goldenes Zeitalter beginnen wird. Das Spektrum der Deutungen erstreckt sich auf verschiedene Personen. Heute scheint gesichert, dass in der 4. Ekloge Asinius Pollio, der frühe Gönner Vergils, gefeiert wird.

2 *Georgica*

Die *Georgica* stehen in der Tradition des Lehrgedichts, einer sehr alten Gattung, deren frühester Vertreter der griechische Dichter Hesiodos (8. Jh. v. Chr.) ist. Spätere Autoren sind Aratos (3. Jh. v. Chr.) und in der lateinischen Literatur vor allem Lucretius (ca. 97–55 v. Chr.).
In vier seinem Gönner Maecenas gewidmeten Büchern stellt Vergil wesentliche Aspekte der Landwirtschaft dar: den Ackerbau, die Baumpflege, den Weinanbau, die Viehzucht, die Imkerei. Verbunden mit diesen technischen Inhalten sind Astronomie und Kalender, Wetter- und Bodenkunde, also wesentliche naturwissenschaftliche Bereiche, welche für die Landwirtschaft große Bedeutung haben. Diese Themen werden immer wieder durch **mythologische** Erzählungen erläutert und erweitert; der Orpheus-Mythos im 4. Buch, ein Kurzepos von fast 300 Versen Länge, ist das prominenteste Beispiel dafür.
Vergil geht in den *Georgica* weit über die Gattung des traditionellen Lehrgedichts hinaus. Aus ihm sprechen eine umfassende Kenntnis der Materie, ein tiefer persönlicher Bezug zur bäuerlichen Arbeit und zur Natur, aber auch eine politische Absicht: Die Wahl des Themas entsprach der Politik Oktavians, des späteren Augustus, der im Bemühen einer sittlichen Restauration der Gesellschaft und des Staates der traditionellen Landwirtschaft ihren hohen Wert zurückgeben wollte. Die inhaltliche Fülle, die weit mehr als nur eine Anleitung für bäuerliche Arbeit bietet, der Rückgriff auf die **Mythologie** und auf literarische Traditionen sprachen die politische und gesellschaftliche Elite Roms an. Der Wert menschlicher Arbeit sollte wieder ins Bewusstsein gebracht werden.

3 *Aeneis*

Die *Aeneis* ist das bedeutendste Werk Vergils und sicher auch eines der bedeutendsten Werke der Weltliteratur. In ihr wurden die **mythologischen** Ursprünge Roms in eine Form gebracht, die, greifbar durch ihre künstlerische und ästhetische Form, im Bewusstsein der Römer omnipräsent war.
Formal handelt es sich bei der *Aeneis* um ein **Epos** in zwölf Büchern. Die Handlung umfasst die Ereignisse von der Zerstörung Trojas durch die Griechen, über die Flucht einer Gruppe überlebender Trojaner unter der Führung von Aeneas mit vielen Stationen bis hin zu ihrer Ankunft in Latium, wo sie nach schweren Kriegen, in die alle in dieser Gegend lebenden Völker verwickelt waren, schließlich Fuß fassten. Mit der Form des **Epos** bezieht sich Vergil vor allem auf die homerischen Epen *Ilias* und *Odyssee*, von denen viele Elemente und **Motive**, inhaltlich wie formal, in der *Aeneis* wiederzufinden sind. Wieder sehen wir Vergil als den ***poeta doctus***, der mit der literarischen Tradition virtuos umgeht und der sie benutzt, verändert und in eine völlig neue Gestalt bringt.
Man kann eine Zweiteilung des Werks erkennen: Mit dem Beginn des 7. Buches sind die Irrfahrten der ersten Hälfte beendet, die Trojaner sind in Latium angekommen. Die zweite Hälfte handelt von den Kriegen, welche die Trojaner in Latium zu führen haben. Das Werk endet abrupt mit dem Tod des feindlichen Heerführers Turnus durch die Hand des Aeneas.

Quellen

Es ist nicht durchgehend nachvollziehbar, auf welche Quellen Vergil zurückgegriffen hat. Ein Teil der Handlung ist sicher auf die griechischen Epenzyklen, vor allem auf *Ilias* und *Odyssee*, zurückzuführen. In diesen spielt aber Aeneas nur eine sehr unbedeutende Rolle. Woher dessen Bedeutung für die Ursprünge Roms stammt, etwa aus griechischen Vorversionen, die vielleicht im griechischen Kulturkreis Süditaliens entstanden sind, kann nicht exakt rekonstruiert werden, ebenso wenig wie die Quellen für die Kämpfe zwischen Trojanern, Latinern, Etruskern, Rutulern und Griechen in der zweiten Hälfte des **Epos**.

Komposition

Die Komposition des Gesamtwerks ist nicht linear, d. h., die Handlung wird nicht in der chronologischen Abfolge angeordnet, sondern gebrochen. Wir begegnen Aeneas und den Trojanern nach dem **Proömium** des 1. Buches mitten auf dem Meer in höchster Seenot. Sie werden nach Afrika abgetrieben und finden schließlich Asyl bei Königin Dido in

Karthago. Alles, was bis zu diesem Zeitpunkt geschehen ist, wird in einer Rahmenerzählung im 2. und 3. Buch als Erzählung anlässlich eines abendlichen Mahls eingeschoben. Erst jetzt, mit dem 4. Buch, wird die reale Abfolge der Ereignisse auch in der Erzählfolge abgebildet. Damit befolgt Vergil ein Kompositionsmuster, das sehr ähnlich auch in der homerischen *Odyssee* vorkommt: Dort ist Odysseus ist zu Beginn des **Epos** an der vorletzten Station seiner Irrfahren bei der Nymphe Kalypso. Die Handlung wird durch eine eigene Erzählung von den Nachforschungen seines Sohnes Telemachos unterbrochen, dann wieder aufgenommen. Odysseus bricht anschließend von Kalypso auf und landet als Schiffbrüchiger bei den Phäaken, wo er am Königshof Aufnahme findet. Beim Mahl erzählt er alles, was bis dahin geschehen ist. Erst dann setzt sich das Geschehen fort: Die Phäaken bringen ihn nach Ithaka, wo sie ihn schlafend am Strand zurücklassen. In der zweiten Hälfte der *Odyssee* (13–24) muss sich der Held seinen Platz in der Heimat mit List und Kämpfen zurückerobern. Man kann deutliche **Parallelen** zwischen *Aeneis* und *Odyssee* sehen: Die erste Hälfte des **Epos** beschreibt die Reise, die zweite Hälfte das Fußfassen nach der Ankunft in Latium. So ist die Grundstruktur der *Odyssee* in der *Aeneis* angedeutet.
Eine andere, etwas oberflächlichere, aber häufig zu findende Interpretationsweise ist die Einteilung der *Aeneis* in einen *Odyssee*-Teil (1–6) und einen *Ilias*-Teil (7–12), also in die Irrfahrten und die Kämpfe.

Motive und Handlungsebenen

Man kann in der *Aeneis* verschiedene **Motive**, Themenkreise oder Handlungsebenen erkennen. Die Person des Aeneas ist eine wesentliche Größe der Handlung. Ein trojanischer Aristokrat erlebt den Untergang seiner Stadt und wird im vermeintlich aussichtslosen Verteidigungskampf, in dem er den Tod sucht, plötzlich mit dem Schicksalsauftrag konfrontiert, die Penaten Trojas zu retten und an einem anderen Ort eine neue Heimat für sie und die Überlebenden zu finden. Ab diesem Moment lebt Aeneas in zwei Ebenen: Er ist ein Mensch mit all seinen Wünschen, Nöten, Schwächen und Stärken; er ist jetzt aber auch verantwortlich für den Vollzug des göttlichen Willens, des ***fatum***, und an diese Pflicht muss er angesichts seiner menschlichen Schwächen immer wieder erinnert werden. Dies geschieht durch **prophetische Durchblicke**, also durch Orakel, **Epiphanien** von Göttern, Wunderzeichen oder Traumerscheinungen. In seiner treuen Befolgung des Auftrags zeigt sich seine *pietas;* als *pius Aeneas* erfüllt er seine Pflicht gegenüber den Göttern, seinen Ahnen und seinem Staat.
Eine weitere Ebene ist die der Götter. Sie handeln, meist unsichtbar, aber ständig spürbar für die Menschen, im eigenen Interesse. Allein Ju-

piter ist für den Vollzug des **fatum** verantwortlich. Dieses besagt, dass Aeneas eine neue Stadt für die Trojaner und ihre Penaten in Latium gründen wird, welche der Keim der künftigen Großmacht Rom sein wird. In seinem Dialog mit der besorgten Venus entwirft Jupiter ein Bild vom Ablauf des **fatum** (1, 254–296). Unterhalb dieser unentrinnbaren Vorgabe agieren weitere Götter: Juno, welche eine erbitterte Feindin der Trojaner ist und alles versucht, um ihren Erfolg wenigstens zu verzögern und zu behindern – ihre **Motive** werden im **Proömium** analysiert (1, 8–32) –, und Venus, die Mutter des Aeneas, die mit aller Kraft daran arbeitet, dass ihr Sohn seinen Auftrag erfüllen kann, denn so wird er zum Ahnherrn des Augustus und erwirbt sich göttliche Ehren (z. B. 1, 227–253). Der Höhepunkt der intriganten Rivalität der beiden Göttinnen befindet sich im 4. Buch (90–128), wo beide ein Scheinbündnis schließen, jede mit unterschiedlichen Hintergedanken. Weitere Gottheiten wirken in der Handlung, meist im Auftrag der höheren Götter, auf verschiedenen Seiten.

Immer wieder muss Aeneas an seinen Auftrag erinnert oder in seiner Ausführung bestärkt werden. Dazu erscheinen ihm Götter wie Venus (z. B. 2, 589–629 während der Zerstörung Trojas; 1, 314 – 409 nach der Landung in Afrika) oder Mercurius (4, 238–278); Aeneas hat Traumgesichte, die ihn aufklären (z. B. 2, 268–297: Hector weist Aeneas auf die Eroberung Trojas durch die Griechen hin); oder es ereignen sich wunderbare Omina. Die prominentesten Zukunftsprojektionen finden sich im 6. Buch, wo Aeneas zu seinem verstorbenen Vater Anchises in die Unterwelt steigt und von ihm über die künftige Größe Roms belehrt wird, sowie in der Beschreibung eines vom Gott Vulcanus eigens für Aeneas hergestellten Schildes (8, 626–728), auf dem ebenfalls Roms Größe, vor allem aber die außenpolitischen und militärischen Erfolge des Augustus abgebildet sind. Die Kernaussage über Roms Bestimmung befindet sich fast genau in der Mitte des **Epos** am Ende des 6. Buches:

- *Excudent alii spirantia mollius aera*
  – credo equidem –, vivos ducent de marmore vultus,
  orabunt causas melius caelique meatus
  describent radio et surgentia sidera dicent:
  Tu regere imperio populos, Romane, memento
  – hae tibi erunt artes –, pacique imponere morem,
  parcere subiectis et debellare superbos (6, 847–853).

  Übersetzung: Andere werden atmende Bronze geschmeidiger ausarbeiten – das glaube ich jedenfalls –, sie werden lebende Gesichter aus Marmor schaffen, sie werden Prozessreden besser halten und sie werden die Gestirnbahnen am Himmel mit dem Zirkel beschreiben und den Aufgang von Sternen vorberechnen: Du denke daran, Römer, mit deinem Befehl Völker zu lenken – dies werden deine Fähigkeiten sein – und dem Frieden eine Norm aufzuerlegen, die Unterworfenen zu schonen und niederzukämpfen die Hochmütigen.

Erläuterung: Hier artikuliert Vergil das römische Selbstverständnis, die Überzeugung, den Völkern der Welt gesetzliche Ordnung und staatliche Organisation zu bringen, und das zur Not auch mit Gewalt und gegen den Willen der so Beglückten. In diesen Versen drückt sich das Bekenntnis zum römischen Imperialismus aus.

Auch die Herrschaft des Augustus wird zur Handlung der *Aeneis* in eine Beziehung gesetzt; mit der Regierung des Augustus erfüllt sich die Geschichte in der Wiederkehr eines Goldenen Zeitalters, z. B. in der Jupiter-Rede im 1. Buch, vgl. auch S. 47 ff.):

- *Aspera tum positis mitescent saecula bellis;*
  cana Fides et Vesta, Remo cum fratre Quirinus
  iura dabunt; dirae ferro et compagibus artis
  claudentur Belli portae. Furor impius intus
  saeva sedens super arma et centum vinctus aenis
  post tergum nodis, fremet horridus ore cruento (1,291–296).

  Übersetzung: Dann werden die schlimmen Zeiten nach Beilegung der Kriege zur Ruhe kommen; die grauhaarige Fides und Vesta, mit seinem Bruder Remus zusammen Quirinus (= Romulus) werden Rechte geben; die grausigen Türen des Krieges werden mit Eisen und festen Riegeln verschlossen werden. Der ruchlose Furor wird drinnen, auf den wilden Waffen sitzend und an den Armen mit hundert ehernen Knoten hinter dem Rücken gefesselt, schauerlich drohen mit blutigem Maul.

  Erläuterung: Mit Augustus wird also die Zeit der schlimmen inneren Kriege Roms zu Ende gehen. Gottheiten garantieren die Rechtstreue Roms, Romulus und Remus werden keine Gegner mehr sein. Frieden wird herrschen; die Kriegsfurie ist im Janus-Tempel eingesperrt; dessen Tore wurden immer dann geschlossen, wenn im ganzen Reich Frieden herrschte. Diese grausige **Allegorie** prophezeit keine Ausrottung des Krieges, sondern dessen Fesselung. Die Möglichkeit, dass der Furor die Menschen wieder ergreifen kann, ist nicht ausgeschlossen; zumindest unter Augustus werden die hundert ehernen Knoten den Frieden sichern. Indem Vergil dies von Jupiter persönlich verkünden lässt, werden die Größe Roms und das augusteische Herrschaftsprogramm als vom ***fatum*** gewollt und von den Göttern garantiert dargestellt.

Aitiologien spielen eine bedeutende Rolle. Damit sind Episoden oder Schilderungen gemeint, welche historische und politische Tatsachen durch frühere Ereignisse begründen (*aition:* griech. „Grund, Ursache"). Hierfür ist das 4. Buch das prominenteste Beispiel: Aeneas ist durch einen Sturm an die afrikanische Küste verschlagen worden und wird von der karthagischen Königin Dido aufgenommen. Mittels einer göttlichen Intrige entsteht zwischen beiden eine Liebesaffäre; Aeneas droht seinen Auftrag zu vergessen. Von Mercurius wird er daran erinnert und verlässt Karthago. Dido begeht aufgrund ihrer Entehrung Selbstmord. Diese Episode begründet die Rivalität zwischen Rom und Karthago und schließlich den mörderischen Konflikt der beiden Großmächte.
An diesen **Motiven** kann man beispielhaft erkennen, dass die *Aeneis* zwar die Form und die erzählende Grundcharakteristik des **Epos** besitzt, dass diese Basis aber, ähnlich wie bei den anderen Werken, von Vergil durch neue Aspekte erweitert und damit ein neuer Typ einer traditionellen Gattung geschaffen wurde.

4 *Appendix Vergiliana*

Unter dem Namen *Appendix Vergiliana* sind einige kleinere poetische Werke überliefert; dass Vergil tatsächlich ihr Autor ist, erscheint in den meisten Fällen zweifelhaft. Auf sie soll hier nicht weiter eingegangen werden.

3 Sprachliche Darstellung

1 Die Jupiter-Rede (1,254–296)

Vergil hat im **Proömium** erklärt, warum Aeneas und seinen Trojanern solche Schwierigkeiten in den Weg gestellt wurden, bevor sie nach Latium gelangten und dort Fuß fassen konnten: Schuld ist Juno, die aus verschiedenen Gründen Troja hasst und die Ansiedlung der Trojaner in Latium und den Aufstieg Roms wenn nicht verhindern, so doch erschweren möchte. Dazu schickt sie den Trojanern, die gerade auf Italien zusegeln, einen schweren Seesturm, der die kleine Flotte zersprengt und ihre Reste auf die Küste Nordafrikas zutreibt. Neptunus beendet diesen ohne seine Zustimmung inszenierten Sturm. Venus, die Mutter des Aeneas, eilt darauf zu ihrem Vater Jupiter, dessen Aufgabe der Vollzug des bestimmten Schicksals **(*fatum*)** ist; in einer inständigen Rede wirft sie ihm vor, das ***fatum*** nicht zu vollziehen und es zulassen, dass ihr

Sohn und seine Trojaner in Lebensgefahr gerieten. Zudem habe Aeneas es durch seine *pietas* und seine Tugenden verdient, endlich erfolgreich zu sein.
Dieser Dialog zwischen Venus und Jupiter folgt einem berühmten Vorbild: Zu Beginn der *Odyssee* (1. Buch) und in einer seltsamen Wiederholung anfangs des 5. Buches fordert Athene Zeus auf, Odysseus die versprochene Heimkehr nach so langen Irrfahrten endlich zu ermöglichen. Vergil zitiert an mehreren Stellen die *Odyssee* und gestaltet die Szene deutlich in Anlehnung an dieses Vorbild, gibt seiner Version aber inhaltlich vollkommen neue Aspekte. Hier zeigt sich wie so oft der ***poeta doctus***, der literarisch gebildete Dichter, der eine uralte Gattung, das **Epos**, als Kunstform annimmt, ihre Charakteristika direkt oder verfremdet benutzt und dabei die seinem Publikum wohlbekannten Vorbilder immer wieder anklingen lässt. Dies ist ein Spiel mit der literarischen Tradition.
Jupiter antwortet auf die Klage seiner Tochter Venus. Seine Rede greift ihre besorgten Anklagen zunächst auf (257–260); Jupiter beruhigt sie, um dann seine Beschwichtigung durch die detaillierte Darstellung der Zukunft zu untermauern. Seine Rede ist chronologisch komponiert. Von Aeneas bis Augustus spannt sich ein Bogen, in dem Aeneas (261–266), Ascanius und Alba Longa (267–271), Roms Gründung durch Romulus (271–276), der Aufstieg Roms zur Weltmacht (278–285), die Person und die **Apotheose** des Augustus (286–290) und die Vollendung Roms in der segensreichen *aetas aurea* unter Augustus (291–296) prophezeit werden.
Durch diesen Inhalt kommt der Jupiter-Rede eine zentrale Bedeutung in der Aussage der *Aeneis* zu, welche neben ihrer bloßen Handlung auch den wesentlichen Zweck hat, Roms Geschichte, seine Expansion und vor allem die Herrschaft des Augustus zu begründen, zu erklären und zu legitimieren. Aus dem Munde des höchsten Gottes kommt dieser Geschichtsinterpretation höchste Autorität zu. Die Gegenwart des Dichters, die in den Bürgerkriegen errungene Herrschaft des Augustus, wird legitimiert und als Ziel der historischen Entwicklung, als Vollendung göttlichen Planens dargestellt.
Jupiter spricht Venus zunächst direkt an; die zweite Person Singular und entsprechende Pronomina gehen auf ihr Anliegen ein:

- *Olli subridens hominum sator atque deorum*
  voltu, quo caelum tempestatesque serenat,
  oscula libavit natae, dehinc talia fatur:
  „Parce metu, Cytherea; manent immota tuorum
  fata tibi. Cernes urbem et promissa Lavini

moenia, sublimemque feres ad sidera caeli
magnanimum Aenean; neque me sententia vertit" (254–260).

Übersetzung: Sie lächelte der Vater der Menschen und der Götter von unten her an mit der Miene, mit der er den Himmel und die Unwetter aufheitert, er bedeckte seine Tochter mit Küssen, dann spricht er Folgendes: „Lass die Furcht, Cytherea; die vorbestimmten Schicksale der Deinen bleiben unverändert, verlasse dich darauf. Du wirst die Stadt sehen und die versprochenen Mauern Laviniums, du wirst den hochherzigen Aeneas emportragen zu den Gestirnen des Himmels; und meine Meinung hat sich nicht geändert."

Erläuterung: Vergil beobachtet hier einen liebevollen Vater, der seine Tochter tröstet, die empört und voller Sorge zu ihm gerannt ist und ihn mit ihren Vorwürfen konfrontiert hat. Dieses Bild entstammt fast unverändert der *Odyssee*. Jupiter setzt alles ein, um die dunklen Wolken aus Venus' Seele zu vertreiben, nämlich den Blick, mit dem er Stürme besänftigt.
Jupiter spricht in einem feierlichen Ton, der sich gleich am Anfang in der **archaistischen** Form *olli* statt *illi* äußert. Wesentliche Wörter und Begriffe sind an prominente Stellen des Verses und des Satzes gestellt: *voltu, manent, fata, sublimem, magnanimum Aenean*. Immer wieder dient das **Enjambement**, die syntaktische Weiterführung eines Satzes über das Versende hinaus, zur Betonung eines Wortes oder der Fortführung eines Gedankens: Die Atempause wird verzögert, die rhythmische **Zäsur** der Versgrenze übergangen. Jupiter spannt in diesen ersten Versen einen weiten Bogen. Er beginnt in der Gegenwart dieser Szene, indem er die Angst der Venus aufnimmt und beruhigt, nennt die Grundlage der kommenden Ereignisse, das **fatum**, und skizziert dann in den Hauptzügen, was dieses **fatum** bringen wird: die Ankunft in Latium, die Gründung von Lavinium und die Vergöttlichung des Aeneas, die Venus selbst vollziehen darf. Ein sprachliches Zeichen seiner Einfühlsamkeit ist der Dativus ethicus *tibi*, der die innere Anteilnahme ausdrückt. Ins Deutsche lässt er sich schwer übertragen; seine Bedeutung kann man etwa mit „glaube mir", „verlasse dich darauf" wiedergeben.

Mit diesen summarischen Ankündigungen, die bisher nur die Person des Aeneas betreffen, lässt Jupiter es nicht bewenden. Der seelische Aufruhr der Venus erfordert weitergehende Details:

- „*Hic tibi – fabor enim, quando haec te cura remordet,*
  longius et volvens fatorum arcana movebo –
  bellum ingens geret Italia, populosque feroces

contundet, moresque viris et moenia ponet,
tertia dum Latio regnantem viderit aestas,
ternaque transierint Rutulis hiberna subactis" (261–266).

Übersetzung: „Hier wird er, verlasse dich darauf – ich werde es dir, da dich ja diese Sorge beißt, ausführlicher sagen und dir die Geheimnisse des bestimmten Schicksals aufrollen und darlegen – einen ungeheuren Krieg in Italien führen, wilde Völker zerschlagen und den Männern eine Ordnung und Mauern errichten, bis ihn der dritte Sommer in Latium herrschen sieht und drei Winter vorübergegangen sind, nachdem die Rutuler unterworfen wurden."

Erläuterung: Wieder benutzt Jupiter den eindringlichen Dativus ethicus *tibi*, um Venus Vertrauen einzuflößen; denselben Zweck hat die **Parenthese**, in der er betont, dass das, was er ihr nun eröffnet, höchst vertraulich ist. Jupiters Aufgabe ist es, das ***fatum*** zu vollziehen. Darunter wird in der *Aeneis* ein Plan verstanden, der dem gesamten Weltgeschehen zugrunde liegt, entworfen von anonymen Instanzen. Ihm sind sogar die Götter unterworfen. Jupiter hat nicht die Gewalt, das ***fatum*** zu entwerfen oder zu gestalten, sondern nur, es zur Ausführung zu bringen.

Alle anderen Götter wissen das, auch Juno. Ihre Feindschaft Aeneas und den Trojanern gegenüber wird daher nicht zum Erfolg führen; sie will aber nicht kampflos aufgeben und unternimmt alles, um das ***fatum*** zu verzögern. Letztlich wird sie im 12. Buch ein Abkommen mit Jupiter treffen, welches dem ***fatum*** freie Bahn geben und sie gleichzeitig ihr Gesicht wahren lässt.

Jupiter benutzt hier den Begriff *volvere*, der den Umgang mit einem antiken Buch, nämlich einem *volumen*, einer Schriftrolle, beschreibt. Man dreht sie auf, man rollt sie an den beiden Stäben weiter, um zu lesen.

Die Worte Jupiters weisen eine große Ähnlichkeit mit den im Vergil-Kapitel „Werke" (vgl. S. 39 f.) zitierten Versen 851–853 im 6. Buch auf: Aeneas wird wilde Feinde besiegen, die Zivilisation, hier durch Stadtmauern und Sitten umschrieben, einführen. Dort heißt es: *pacique imponere morem, parcere subiectis et debellare superbos.* So wird Aeneas nicht nur genealogisch der Urvater Roms sein, sondern auch in zivilisatorischem Sinn die Basis der römischen Kultur begründen. Indem Vergil Jupiter selbst diese Prophezeiungen aussprechen lässt, die hier noch einem sehr kleinen Bereich gelten, durch den Gleichklang aber an die Rolle des späteren Rom erinnern, verleiht er der Expansion Roms in militärisch-politischem wie in kulturellem Sinn die höchstmögliche Legitimation.

Jupiter verstärkt die Eindringlichkeit seiner Worte durch Details wie die exakte zeitliche Dauer von Aeneas' Kämpfen und Herrschaftszeit, die drei Jahre nach dem Sieg über die Rutuler mit seinem Tod, den er nicht explizit nennt, enden wird. Seine umständliche Formulierung *tertia … aestas ternaque … hiberna* mit der **variatio** der Zahlbegriffe, einer Ordinal- und einer Distributivzahl, verleiht seinen Worten Feierlichkeit.

Jupiter schließt die weitere Geschichte bis zur Gründung Roms an:

- „*At puer Ascanius, cui nunc cognomen Iulo*
  additur – Ilus erat, dum res stetit Ilia regno –,
  triginta magnos volvendis mensibus orbis
  imperio explebit, regnumque ab sede Lavini
  transferet et longam multa vi muniet Albam“ (267–271).

  Übersetzung: „Aber sein Sohn Ascanius, dem nun der Beiname Iulus gegeben wird – Ilus hieß er, solange der Staat von Ilion durch seine Herrschaft bestand –, wird dreißig große Kreisläufe mit kreisenden Monaten durch seine Regierung erfüllen, die Herrschaft von ihrem Sitz Lavinium verlegen und Alba Longa mit großer Macht gründen.“

  Erläuterung: Durch *at*, das stärkste „aber“ der lateinischen Sprache, wird die **Zäsur** bezeichnet. Nun ist Ascanius im Blick. Auffallend am Versende steht sein Beiname *Iulus*, der im nächsten Vers nochmals durch eine **Parenthese** erläutert wird: Von diesem Namen leitet die Familie der *Iulii* ihre Herkunft ab. Caesar und Augustus werden hier von Jupiter persönlich als Nachkommen des Aeneas, damit der Venus und Jupiters selbst dargestellt. Der Eigenname ist aus dem Namen Ilion für Troja entstanden.
  Wieder eine Periphrase, eine umständliche, umschreibende, feierliche Zeitangabe mit astronomischen Ausdrücken: Jupiter denkt in kosmischen Dimensionen und gibt so seinem Gegenstand eine über die Welt der Menschen erhabene Qualität und erhebt so auch die genannten Personen und damit Augustus zu Größen der göttlichen Weltordnung. Periphrasen dominieren im ganzen Text die Aussagen und verleihen diesem dadurch seine zeremonielle Erhabenheit: Statt *triginta annos imperabit* sagt Jupiter *triginta magnos volvendis mensibus orbis imperio explebit*, statt *ab Lavinio* sagt er *ab sede Lavini*. Die **archaistische** Akkusativform *orbis* für *orbes* ergänzt den hohen Stil, der auch in der *Aeneis* auffällt, da Vergil bei anderen Situationen durchaus eine weniger erhabene Ausdrucksweise pflegt. Ein illustrierendes **Hyperbaton** lässt die Lage von Alba Longa auf seinem lang-

gestrecken Bergrücken sichtbar werden. Die dauernde Verwendung des Futurs als natürliches Tempus der Prophezeiung bildet den Orakelstil des Textes ab.

Alba Longa ist die Heimat von Romulus und Remus, den Gründern Roms:

- „*Hic iam ter centum totos regnabitur annos*
  gente sub Hectorea, donec regina sacerdos,
  Marte gravis, geminam partu dabit, Ilia, prolem.
  Inde lupae fulvo nutricis tegmine laetus
  Romulus excipiet gentem, et Mavortia condet
  moenia, Romanosque suo de nomine dicet" (272–277).

  Übersetzung: „Dort wird man dreimal hundert ganze Jahre herrschen unter dem Volk Hectors, bis eine königliche Priesterin, Ilia, schwanger von Mars, durch die Geburt Zwillingsnachkommen hervorbringen wird. Von dort aus wird, froh über das braungelbe Fell der nährenden Wölfin, Romulus das Geschlecht übernehmen, und er wird die Mauern des Mars gründen und die Römer nach seinem Namen benennen."

  Erläuterung: Die Gründung Roms wird in feierlichen Periphrasen und **Metonymien** beschrieben: die Angabe der Zeitdauer, in welcher die Nachkommen Hectors in Alba Longa herrschen werden, verfremdet durch das unpersönliche Passiv, Rhea Silvia, die hier umschreibend als *regina sacerdos* genannt wird und durch den ungewöhnlichen Namen *Ilia* die Kontinuität der Abstammung des Julierhauses herstellt, die Zwillingsnachkommenschaft *(gemina partus)*. Das alles sind gesuchte, umständliche Formulierungen, die den dunklen Orakelstil und zugleich die Feierlichkeit des göttlichen Wortes erzeugen. Die Geschichte der Wölfin, welche die in ihrem Korb auf dem Tiber ausgesetzten Zwillinge Romulus und Remus findet und säugt, wird durch kryptische Umschreibungen angedeutet; Romulus, namentlich genannt, ist froh über das Fell der Wölfin, eine Andeutung der Tatsache, dass die Wölfin den Zwillingen, hier *gemina partus*, das Leben gerettet hat. Rom wird **metonymisch** in Form der ***pars pro toto*** durch seine Mauern genannt; das Attribut *Mavortia* weist auf den Vater der Zwillinge, Mars, hin und zugleich auf die kriegerischen Erfolge Roms, welche dieses zur Großmacht erheben werden.

Rom ist auch in den folgenden Versen Thema. Vergil bzw. Jupiter beschreibt seinen Aufstieg, die Ausdehnung seiner Macht und seinen Charakter:

- „*His ego nec metas rerum nec tempora pono;*
  imperium sine fine dedi. Quin aspera Iuno,
  quae mare nunc terrasque metu caelumque fatigat,
  consilia in melius referet, mecumque fovebit
  Romanos, rerum dominos gentemque togatam.
  Sic placitum. Veniet lustris labentibus aetas,
  cum domus Assaraci Phthiam clarasque Mycenas
  servitio premet, ac victis dominabitur Argis“ (278–285).

  Übersetzung: „Diesen setze ich weder Grenzen für ihre Macht noch Zeiten; Herrschaft ohne Ende habe ich vergönnt. Wird doch sogar die schroffe Juno, die nun das Meer und das Land mit ihrer Furcht und den Himmel erschöpft, ihr Planen zum Besseren wenden, und mit mir zusammen wird sie den Römern wohlgesonnen sein, den Herren der Welt und dem Volk in der Toga. So ist es beschlossen. Es wird mit den kreisenden Jahren die Zeit kommen, wo das Haus des Assaracus Phthia und das strahlende Mykene mit Knechtschaft bedrücken und über die besiegten Argiver herrschen wird.“

  Erläuterung: Seine kriegerische Stärke versetzt Rom in die Lage, die Welt zu beherrschen. Diese Verse gehören zu den wichtigsten der *Aeneis:* Die Macht Roms hat keine geografische oder zeitliche Beschränkung, und es ist Jupiter selbst, sichtbar an der 1. Person, der diese Führungsposition garantiert. Eine Art von **Enallage** erzeugt erneut Feierlichkeit: Statt *nec metas rerum nec temporum* zu sagen, löst Jupiter die Zeit *(tempora)* aus dem syntaktischen Gefüge, wertet es zum eigenen Objekt auf und illustriert so den Ewigkeitscharakter.
  Die Ankündigung, dass Juno nicht nur ihre Feindschaft gegen die Trojaner beenden, sondern sogar zur wichtigsten Beschützerin des Volkes werden wird, trägt wieder zur Beruhigung der Venus bei und ist zugleich ein Vorblick auf das Ende der *Aeneis,* wo diese Versöhnung in einem Gespräch zwischen Jupiter und Juno eintreten wird (12, 791–842). Die Bezeichnung der Römer als *gens togata* ist keine willkürliche **Metonymie**, sondern rief in einem antiken Leser eine ganz bestimmte Assoziation wach. Mit der Toga, dem Kleidungsstück, das nur römischen Bürgern zustand, ist der Gedanke der Freiheit, der aktiven Teilnahme an Politik und Justiz und vor allem die Vorstellung des Volkes verbunden, das diese politischen, juristischen und moralischen Ideale in alle Welt hinaustragen sollte. So wird es Anchises am Schluss seiner Zukunftsvision im 6. Buch ebenfalls darstellen. Der rö-

mische Imperialismus erhält dadurch seine ethische – und durch Jupiter seine theologische – Legitimation. Dieses Rom wird das Volk, vor dem die Trojaner jetzt auf der Flucht sind, die Griechen, unterwerfen und besiegen. Vergil nennt sie bewusst mit den geografischen Bezeichnungen, die im **Epos** gelten: Phthia ist die Heimat des Achilles, Mykene die des Agamemnon und Argiver ist der Name, den die Griechen im homerischen wie im vergilischen **Epos** tragen, wo sie niemals *Graeci* heißen.

Wenn diese Geschichte sich erfüllt hat, wird der Herrscher erscheinen, der die Kriege beenden und das Goldene Zeitalter zurückbringen wird:

- „*Nascetur pulchra Troianus origine Caesar,*
  imperium Oceano, famam qui terminet astris,
  Iulius, a magno demissum nomen Iulo.
  Hunc tu olim caelo, spoliis Orientis onustum,
  accipies secura; vocabitur hic quoque votis" (286–290).
  Übersetzung: „Es wird aus schöner Abstammung der Trojaner Caesar geboren werden, der die Herrschaft mit dem Ozean, seinen Ruhm mit den Sternen begrenzen wird, Iulius, ein Name, der vom großen Iulus abgeleitet ist. Den wirst du einst im Himmel, beladen mit der Beute des Orients, frei von Sorge aufnehmen; auch er wird in Gebeten angerufen werden."

  Erläuterung: Auffallend und sinnvoll ist die Bezeichnung des Augustus als Trojaner. Zweifach wird in dieser Passage wieder die Genealogie der Julier und speziell des Augustus, der ja gar kein leiblicher Sohn Caesars war, auf Aeneas und seine göttlichen Vorfahren zurückgeführt: durch die Herkunftsbezeichnung und durch die ausdrückliche Etymologie des Namens Iulius, die schon mehrfach angeklungen ist. Der Relativsatz, der die Macht des Augustus beschreibt, ist von den wesentlichen Worten eingerahmt: *imperium* und *astris*. Wie in einem Dreiklang steht in der Mitte *famam*. In einer **Inversion** wird das eigentlich einleitende Relativpronomen weit nach hinten versetzt, um die Aufmerksamkeit auf diese Signalwörter zu lenken. Die prophezeite **Apotheose** des Augustus vollendet den Zweck der Rede: *secura*, frei von Sorge, wird Venus dann sein, da sich das ***fatum*** vollendet haben wird, um dessen Vollzug sie doch so sehr gefürchtet hat.

Das Goldene Zeitalter des augusteischen Friedens ist von Recht und Wohlstand geprägt, muss aber ständig bewusst bewahrt werden:

- „*Aspera tum positis mitescent saecula bellis;*
  cana Fides et Vesta, Remo cum fratre Quirinus

iura dabunt. Dirae ferro et compagibus artis claudentur Belli portae. Furor impius intus, saeva sedens super arma et centum vinctus aenis post tergum nodis fremet horridus ore cruento" (291–296).

Übersetzung: „Dann werden die schlimmen Zeiten nach Beilegung der Kriege zur Ruhe kommen; die grauhaarige Fides und Vesta, mit seinem Bruder Remus zusammen Quirinus werden Rechte geben. Die grausigen Tore des Krieges werden mit Eisen und festen Schlössern verschlossen werden. Der ruchlose Furor wird drinnen auf wilden Waffen sitzend und mit hundert ehernen Knoten hinter dem Rücken gefesselt schauerlich grollen mit blutigem Maul."

Erläuterung: Die Vollendung der Geschichte bringt der von Kriegen gequälten Welt, und vor allem Rom, den Frieden, ausgedrückt in **Personifikationen** von Gottheiten, den von Gesetzen garantierten Umgang der Bürger miteinander *(Fides)* sowie häuslichen Frieden und Wohlstand *(Vesta)*, sodass die ehemals verfeindeten Parteien der Bürgerkriege, die in literarischen Texten durch den Brudermord von Romulus an Remus begründet wurden, miteinander Recht sprechen werden. Dieses Friedensbild endet jedoch in einem beunruhigenden Bild: Der Wahnsinn der gegeneinander kämpfenden Brüder, ebenfalls **personifiziert** im *Furor*, der nicht tot ist, sondern nur gefesselt und eingeschlossen im Janus-Tempel tobt und sich zu befreien versucht. Die Weite der jetzt verschlossenen Tore wird durch das **Hyperbaton** *dirae ... portae* gemalt; die dreifache s-**Alliteration** *saeva sedens super* lässt das Zischen des tobenden Furors hörbar werden, die Ausmaße der über den ganzen Körper des Furor verteilten Fesseln erscheinen erneut in einem **Hyperbaton**: *centum ... aenis ... nodis*. Die **Enallage** *saeva arma* – eigentlich ist der Furor *saevus* – gibt dem Schrecken eine größere Ausdehnung. Die Römer werden ständig auf der Hut sein müssen, um die Kriegsfurie dauerhaft unschädlich zu machen und nicht erneut dem Wahnsinn des Bruderkrieges zu verfallen.

2 Die Geburt des *pius Aeneas* (Aen. 2,1–804, in Auszügen)

Als Beispiel für Vergils Erzählweise soll hier in Ausschnitten das 2. Buch vorgeführt werden. Es beginnt mit atemloser Stille; dieser akustische Eindruck wird sich im Verlauf des 2. Buches zum Jubel des trojanischen Siegesfests und schließlich zum Schreien der Menschen, zum Waffenklirren und Krachen einstürzender Häuser im eroberten Troja steigern:

- *Conticuere omnes intentique ora tenebant* (1).
  Übersetzung: Es verstummten alle und richteten angespannt ihren Blick (auf Aeneas).

  Erläuterung: Dido hatte am Ende des 1. Buches ihren Gast um einen Bericht von seinen bisherigen Erlebnissen gebeten. Aeneas kommt dieser Bitte widerstrebend nach, da die Erzählung kaum vernarbte Wunden wieder aufreißt. Dennoch fügt er sich der Bitte und beginnt zu sprechen. Die Spannung der Zuhörer wird spürbar in der zweimaligen Verwendung des Wortstamms *tend-* (spannen) in *intenti* und *tenebant*.

Vergils Stil ist schlicht und **narrativ**. Wo er Stilmittel einsetzt, dienen sie der Veranschaulichung des Geschilderten oder Gesagten. Sehr häufig findet sich das **Hyperbaton**. Es ist besonders geeignet, Ausdehnung oder Umfassung in jeder Form darzustellen, als Geborgenheit, als Ausgeliefertsein oder als Beklemmung und Belastung. Immer wieder finden sich auch **Klangfiguren** wie die **Alliteration** oder die Häufung bestimmter Laute **(Onomatopoesie)**, welche das Geschehen hörbar machen. Die **Wortwahl** ist bei Vergil wesentlich und gestaltet die Nuancen des Textes viel subtiler, aber auch nachdrücklicher als die Verwendung zahlreicher sprachlicher Raffinessen. Vergils Sprache hat durch diese behutsame stilistische Gestaltung einen sehr natürlichen und flüssigen Charakter. Die psychologische Beobachtung der Akteure ist intensiv und detailliert.
Schon in der einleitenden Rahmenhandlung lassen sich zahlreiche direkte Zitate aus berühmten literarischen Vorbildern erkennen, vor allem aus der *Ilias* und aus den „Troerinnen“, einer Tragödie des Euripides. Diese Bezugnahme kann als Verbeugung vor der Tradition verstanden werden; andererseits erwartete das gebildete Publikum auch derartige Anklänge; es war gespannt, wie Vergil, der ***poeta doctus***, seinerseits den bekannten Stoff verarbeiten würde.
Die ersten 267 Verse enthalten eine berühmte Episode: Die Trojaner stellen erstaunt fest, dass die Griechen verschwunden sind; stattdessen finden sie vor ihrer Stadt ein riesiges hölzernes Pferd. Es werden verschiedene Stimmen laut, von denen die einen vor einer List warnen und zur Zerstörung des Pferdes raten, die anderen dieses aber in die Stadt bringen und als Opfer zum Athene-Tempel schaffen wollen. Laokoon, der Priester des Neptunus, ist der lauteste Warner; er schleudert einen Speer in die Flanke des Pferdes, bezahlt dies aber mit seinem Leben, da ein von den Göttern geschicktes Seeungeheuer ihn tötet. Die Trojaner verkennen alle warnenden Vorzeichen, beschädigen sogar ihre Stadt-

mauer und bringen das Pferd und somit die darin verborgenen Griechen in die Stadt. Dann feiern sie bis in die Nacht.
Aeneas erzählt als Augenzeuge des Geschehens. Seine eigene Rolle nennt er bis dahin nicht; er tritt erst jetzt ins Geschehen ein. Erschöpft schläft er in seinem Bett, als ihm der von Achilles getötete Hector im Traum erscheint. Auf seine brennenden Fragen antwortet Hector nicht, sondern konfrontiert ihn mit der brutalen Realität:

- *„Ille nihil nec me quaerentem vana moratur,*
  sed graviter gemitus imo de pectore ducens,
  ‚Heu fuge, nate dea, teque his‘, ait, ‚eripe flammis!
  Hostis habet muros; ruit alto a culmine Troia.
  Sat patriae Priamoque datum: Si Pergama dextra
  defendi possent, etiam hac defensa fuissent.
  Sacra suosque tibi commendat Troia penatis;
  hos cape fatorum comites, his moenia quaere,
  magna pererrato statues quae denique ponto‘“ (287–295).

  Übersetzung: „Jener antwortet nichts und hält mich, der sinnlose Fragen stellte, nicht weiter hin, sondern indem er schwere Seufzer aus tiefer Brust von sich gibt, sagt er: ‚Wehe, flieh, Sohn einer Göttin, und rette dich aus diesen Flammen! Der Feind hat die Mauern besetzt; es stürzt Troja vom hohen Gipfel herab. Der Todesstoß wurde der Heimat und dem Priamus versetzt: Wenn Pergama (= Troja) mit der Hand hätte verteidigt werden können, wäre es auch jetzt verteidigt worden. Seine Heiligtümer und seine Penaten vertraut Troja dir an; diese nimm an dich als Begleiter deines Schicksals, für sie suche Stadtmauern, welche du groß nach dem Durchirren des Meeres schließlich errichten wirst.‘“

  Erläuterung: Vergil spart in der **Ellipse** des ersten Verses ein Prädikat wie etwa *dixit* ein, um die Eile und Direktheit Hectors zu zeigen *(ille nihil)*. Seine schweren Seufzer nehmen hingegen einen ganzen Vers ein *(sed graviter gemitus imo de pectore ducens)*. Ohne Vorbereitung konfrontiert er Aeneas mit dem Unfassbaren, eingeleitet durch ein Klagewort. Aeneas hat die Flammen noch gar nicht wahrgenommen, auf die Hector hinweist. Die Rede Hectors ist brutal, die sinntragenden Wörter sind an die Satz- und Versanfänge oder ans Ende gestellt: *hostis …; ruit … Troia/ sat …/ sacra … Troia penatis;/ hos …, his moenia …/magna … ponto.* Seine Lagebeschreibung ist dem, was Aeneas bis jetzt für die Wirklichkeit hält, vollkommen entgegengesetzt. Troja ist dem Untergang geweiht; die **Wortwahl** *sat … datum* spiegelt die Sprache der Gladiatorenspiele wider: Troja hat den tödlichen Stoß empfangen. Unvermittelt wird das Unfassbare noch durch eine Mission gesteigert: An Aeneas ist es, seiner Heimatstadt einen neuen Ort zu suchen. Hector benutzt hier das Wort **fatum** zum ersten Mal; dieses zu vollziehende Schicksal umfasst auch eine lange Irrfahrt. Diese Prophezeiung enthält nur den reinen Tatsachenrahmen, keine Details, kein Ziel für die Mission, keine Anweisung außer der, die Penaten zu retten und eine neue Stadt zu errichten.

Aeneas ist nicht imstande, dieser Anweisung zu folgen. Er reagiert, wie es immer von ihm erwartet wurde, wenn seine Vaterstadt bedroht war: Er greift zu den Waffen und stürmt in den Kampf, als hätte Hector nur die erste Hälfte seiner Rede gehalten:

- „*Arma amens capio; nec sat rationis in armis,*
  sed glomerare manum bello et concurrere in arcem
  cum sociis ardent animi; furor iraque mentem
  praecipitat, pulchrumque mori succurrit in armis“ (314–317).

  Übersetzung: „Zu den Waffen greife ich ohne Nachdenken; und es liegt nicht genug Vernunft in den Waffen, sondern das Herz brennt, den Kampf im Krieg zu suchen und auf die Burg zu rennen zusammen mit den Gefährten; Wahnsinn und Zorn stürzen den Verstand um, und es kommt dazu, dass es schön ist, in Waffen zu sterben.“

  Erläuterung: Diese vier Verse enthalten dreimal das Wort *arma*, als Anfangs- und als Schlusswort, dazu *bello;* ferner dreimal den Aspekt „Vernunft“ in verschiedenen Formen *(amens, rationis, mentem);* zudem gehäuft Begriffe, welche den Kontrollverlust, die pure, von keiner Vernunft gezügelte Gier zu kämpfen ausdrücken *(amens, nec sat rationis, ardent animi, furor, ira, mentem praecipitat, succurrit).* Aeneas ist in einem Zustand, in dem ihn der Auftrag Hectors nicht erreichen kann. Die Todessucht, die ihn überkommt, entspringt nicht der rationalen Überlegung, sondern ist Ausdruck des *furor,* der sich bis zur Selbstvernichtung steigert. So geht es auch seinen Gefährten, von denen Aeneas nur einer ist. Ihre Beteiligung kann aus der Pluralform *animi* gefolgert werden.

Mit diesen Gefährten gelangt Aeneas schließlich nach zahlreichen Kämpfen zur Burg, wo er entsetzt die Ermordung des Priamus und seines Sohnes Polites beobachtet. Dieses schockierende Ereignis bringt ihn plötzlich zur Vernunft zurück:

- „*At me tum primum saevus circumstetit horror.*
  Obstipui; subiit cari genitoris imago,
  ut regem aequaevum crudeli vulnere vidi

vitam exhalantem, subiit deserta Creusa
et direpta domus et parvi casus Iuli.
Respicio, et, quae sit me circum copia, lustro" (559–564).

Übersetzung: „Aber mich umklammerte erst da das wilde Entsetzen. Ich erstarrte; es stand mir das Bild des lieben Vaters vor Augen, als ich sah, wie der gleichaltrige König durch die grausame Wunde sein Leben aushauchte, es stand mir die verlassene Creusa vor Augen und mein geplündertes Haus und das Schicksal des kleinen Iulus. Ich sehe mich um und schaue, welche Schar um mich ist."

Erläuterung: Die Beobachtung des brutalen Mordes am alten König Priamus reißt Aeneas aus seinem *furor*. *Tum primum* gibt die erste Sekunde wieder, in der Aeneas zum neuen Helden wird. Das Wort *obstipui*, an den Versanfang bis zur **Trithemimeres** gestellt, signalisiert den Wendepunkt seiner Biografie: Er wird genau hier vom Krieger, der nur den Ruhm und notfalls den Tod sucht, zum fürsorglichen Sohn, Ehemann und Vater, der plötzlich Angst um die Lieben empfindet. Eine dreifache **Alliteration** (*vulnere vidi vitam*) beleuchtet die unfassbare Szene, deren Zeuge er geworden ist, als würde er sie immer wieder innerlich ablaufen lassen. Bisher kannte er nur das Vorwärts; jetzt blickt er sich um: *respicio*, ebenfalls an der **Trithemimeres** stehend. Auch dies ist ein Signalwort: Jetzt sind auch die anderen wichtig.

Vergil ist ein einfühlsamer Beobachter psychischer Vorgänge. Immer wieder lässt sich das feststellen, immer wieder thematisiert er seelische Reaktionen, Überlegungen und Gefühlslagen seiner Figuren, auch dies ein moderner Zug seiner Interpretation der Gattung **Epos**. Man sieht das auch an der folgenden Szene.
Erst im jetzt eingetretenen Zustand ist Aeneas für die nächste Dosis der Zukunftsschau empfänglich. Seine Mutter Venus erscheint ihm, und um ihre Botschaft noch eindrücklicher und glaubwürdiger zu machen, tut sie das in ihrer göttlichen Gestalt (2, 594–629). Liebevoll ergreift sie die Hand ihres Sohnes, dann nimmt sie seinen Gefühlszustand geschickt auf:

- „‚*Nate, quis indomitas tantus dolor excitat iras?*
  Quid furis? Aut quonam nostri tibi cura recessit?
  Non prius aspicies, ubi fessum aetate parentem
  liqueris Anchisen, superet coniunxne Creusa
  Ascaniusque puer? Quos omnis undique Graiae
  circum errant acies et, ni mea cura resistat,
  iam flammae tulerint inimicus et hauserit ensis'" (600–606).

Übersetzung: „‚Sohn, welcher große Schmerz wühlt deinen ungezügelten Zorn auf? Was rast du? Oder wohin ist dir die Sorge um unsere Lieben entschwunden? Wirst du nicht eher nachsehen, wo du den vom Alter geschwächten Anchises gelassen hast, ob deine Frau Creusa noch lebt und dein Sohn Ascanius? Sie alle umschwärmen von allen Seiten griechische Truppen und, wenn nicht meine Sorge noch da wäre, würden sie wohl schon die Flammen dahinraffen und das feindliche Schwert sie vernichten. '"

Erläuterung: So bestätigt Venus, psychologisch ungeheuer einfühlsam, genau die Gedanken, die Aeneas zum Stutzen brachten, und erinnert ihn an seine Pflicht, die sie stellvertretend für ihn übernommen hat, da er sich seinem Wahnsinn überlassen hat. Anders als Hector schleudert sie ihrem Sohn nicht mit den jeweils ersten Worten ihrer Sätze die Realität ins Gesicht, vielmehr bemüht sie sich, den schon in ihm ablaufenden Prozess behutsam durch **rhetorische Fragen** zu verstärken. Sie analysiert sogar seine **Motive:** Der Schmerz um den Untergang seiner Stadt hat den *furor* ausgelöst. Auch sie erwähnt, wie Hector, die Feinde, stellt sie aber in einen bedrohlichen Zusammenhang mit den Lieben des Aeneas. Indem sie aber die Namen von Aeneas' Angehörigen ausdrücklich nennt und jeden mit der genauen Verwandtschaftsbezeichnung versieht, spricht sie zugleich seine Liebe und sein Pflichtbewusstsein an, das ihn verlassen hat und das sie selbst ersetzen musste. Die Gefahren, die ihnen drohen, nennt sie anschaulich und präzise: Flammen und Schwerter.

Dann lässt Venus Aeneas die Welt sehen, wie es sonst nur Götter können, und sie zeigt ihm die anderen Götter, wie sie aktiv ins Geschehen eingreifen und mit eigenen Händen die Stadt niederreißen. Aeneas braucht diese detaillierte Aufklärung, da sein neuer Auftrag seinen bisherigen Werten und Verhaltensnormen vollkommen widerspricht. Venus unterzieht ihren Sohn einer regelrechten Gehirnwäsche. Ihre Rede ist kunstvoll strukturiert. Den Auftrag Hectors wiederholt oder präzisiert sie nicht. Mit mütterlicher Weisheit belässt sie es zunächst bei dem Grad der Fürsorge *(cura)*, zu dem er in seinem momentanen Zustand fähig ist, und überfordert ihn, anders als Hector, nicht:

- „‚*Eripe, nate, fugam finemque impone labori;*
  nusquam abero et tutum patrio te limine sistam'" (619–629).
  Übersetzung: „‚Ergreife die Flucht, mein Sohn, und setze deiner Anstrengung ein Ende; nirgends werde ich dich im Stich lassen und dich sicher zur väterlichen Schwelle bringen'".

Erläuterung: Venus verwendet dasselbe Verb wie zuvor Hector, um Aeneas zur Flucht aufzufordern: *eripe*. Auch die Flucht wird wieder genannt, diesmal als Substantiv und in ihrer Intensität gesteigert durch die **Alliteration** *fugam finemque*. Die Aufforderung, von seinem *labor* abzulassen, der nichts weniger ist als das, was sein Sittenkodex in seinem bisherigen Leben von ihm verlangt hat, ist anspruchsvoll genug. Die kluge Mutter weiß das. Flucht hatte nie zu Aeneas' Verhaltensweisen gezählt, aber jetzt geht es um die Menschen, die ihm lieb und seinem Schutz anvertraut sind. Das **Hyperbaton** *patrio te limine* illustriert durch das Personalpronomen in der Mitte, wie Aeneas auf der Schwelle seines Vaterhauses steht.

Aeneas kommt wohlbehalten zu Hause an; Venus hält auf dem Weg alle Gefahren von ihm fern. Dort konfrontiert er seine Familie mit seinem neuen Wissen und stößt damit auf genau dasselbe Unverständnis, das er selbst der ersten Eröffnung durch Hector entgegengebracht hat. Sein alter Vater Anchises will in seiner Heimat sterben. Unter diesen Umständen ist der Gedanke an Flucht für Aeneas erneut unmöglich:

- „*Rursus in arma feror mortemque miserrimus opto.*
  Nam quod consilium aut quae iam fortuna dabatur?" (655–656).
  Übersetzung: „Mich treibt es wieder ins Waffengetümmel und den Tod wünsche ich tiefunglücklich. Denn welcher Rat oder welches Schicksal bot sich noch?"

  Erläuterung: Fast mit dem gleichen Vokabular wie beim ersten Mal (314–317), als er sich in den Kampf stürzte, wird auch dieser erneute Ausbruch geschildert. Das Passiv *feror* zeigt die Instinkthaftigkeit seiner Reaktion. Er kann nicht anders. Auch diesmal ist Trauer das **Motiv:** *miserrimus*. Die Vorstellung, seinen Vater dem sicheren Tod zu überlassen, nimmt Aeneas jegliche Perspektive, und in diesem Zustand reagiert er wieder mit todessüchtiger Kampfwut. Er setzt bei seinen Zuhörern Verständnis für seine Ausweglosigkeit voraus; dies zeigt die **rhetorische Frage**. Nach menschlichem Ermessen gibt es keine Alternative mehr.

Seine Ehefrau Creusa umklammert seine Knie und schreit ihn an:

- „‚*Si periturus abis, et nos rape in omnia tecum;*
  sin aliquam expertus sumptis spem ponis in armis,
  hanc primum tutare domum! Cui parvus Iulus,
  cui pater et coniunx quondam tua dicta relinquor?'" (675–678).

Übersetzung: „,Wenn du todesbereit weggehst, dann nimm uns mit in alles; wenn du aber aus deiner Erfahrung irgendwelche Hoffnung in die Waffen legst, so schütze zuerst dieses Haus! Soll in ihm der kleine Iulus, in ihm dein Vater und ich, die ich einst deine Frau genannt wurde, zurückgelassen werden?'"

Erläuterung: Wenn irgendeine Rede einen Ehemann umstimmen könnte, dann diese: Creusa erinnert Aeneas erneut an seine Pflicht, sich um seine Familie zu kümmern. Die Fähigkeit, mit Waffen umzugehen, hat er nicht zur Erfüllung unsinniger Ideale erworben, sondern zum Schutz derer, die ihm lieb sind; und nochmals nennt sie diese Personen. Wieder sind wesentliche Wörter an prominenten Positionen von Sätzen und Versen: *armis, hanc ... domum* (das **Hyperbaton** umgibt ihn wie das Haus), *Iulus*. Die Verwendung des Namens Iulus für Ascanius verdeutlicht dem Leser die entscheidende Bedeutung dieses Moments für die römische Geschichte und für Augustus. Die **Anapher** der Fragepronomina intensiviert die Bedenken, die sie in ihm anregen will. Die feine Spitze *coniunx quondam tua dicta* zeigt ihm, dass er Creusa nicht mehr wie eine Ehefrau behandelt, wenn er sie dem grausamen Schicksal von Frauen in einer eroberten Stadt überlässt.

Wieder müssen Wertvorstellungen grundlegend umgedreht werden, diesmal die von zwei Personen, nämlich die des Aeneas und die des Anchises. Daher schicken die Götter jetzt gleich zwei Wunderzeichen, eine Flamme, die den Kopf des kleinen Ascanius umspielt, und einen Meteor, der vom Himmel herabstürzt. Da erkennt Anchises endlich, was die Götter verlangen, und willigt in die Flucht ein.

Und jetzt ist auch die Wandlung des Aeneas vollständig: Er gibt Anweisungen, wie die Flucht zu bewerkstelligen ist (707–720). Es beginnt der lange Weg aus der brennenden Stadt. Die Mission, seine Familie und die Penaten zu retten, hat seine seelische Beschaffenheit vollkommen verändert:

- „*Et me, quem dudum non ulla iniecta movebant*
  tela neque adverso glomerati examine Grai,
  nunc omnes terrent aurae, sonus excitat omnis
  suspensum et pariter comitique onerique timentem" (726–729).
  Übersetzung: Und mich, den gerade noch keine geworfenen Geschosse beunruhigten und keine in feindlicher Kampfordnung gehäuften Griechen, erschrecken jetzt alle Luftzüge, schreckt jedes Geräusch auf, da ich angespannt war und gleichermaßen für meinen Begleiter und meine Last fürchtete."

Erläuterung: Aeneas ist vom Todesverächter zum Angsthasen geworden. Den Grund nennt er: Es sind sein *comes*, nämlich sein Sohn Ascanius, den er an der Hand führt, und sein *onus*, sein Vater Anchises, den er auf den Schultern trägt. Die *cura* (2, 595) – man kann das Wort gut mit „Verantwortung" wiedergeben – hat ihn zu einem völlig anderen Verhalten gebracht, als es der Krieger zuvor von sich erwartet hatte. Vier Wörter des **Wortfelds** „Fürchten" beschreiben seinen neuen Zustand in den beiden letzten Versen: *terrent, excitat, suspensum, timentem.*

Als die Flüchtlingsgruppe schließlich einen sicheren Ort erreicht hat, stellt Aeneas mit Entsetzen fest, dass seine Ehefrau verschwunden ist. Erneut begibt er sich in die zerstörte Stadt, um sie zu suchen, diesmal ängstlich darauf bedacht, den Griechen aus dem Weg zu gehen. Er findet sie, aber sie lebt nicht mehr, sondern erscheint ihm als Geist. Endlich ist Aeneas imstande, die nächste Präzisierungsstufe seines göttlichen Auftrags zu empfangen. Er muss alles hinter sich lassen, auch seine Frau, um die er innig trauert; denn seine Aufgabe ist es, fortzugehen und ein neues Troja zu gründen:

- „‚*Longa tibi exsilia et vastum maris aequor arandum,*
  et terram Hesperiam venies, ubi Lydius arva
  inter opima virum leni fluit agmine Thybris.
  Illic res laetae regnumque et regia coniunx
  parta tibi; lacrimas dilectae pelle Creusae'"(780–783).

  Übersetzung: „‚Ein langes Exil steht dir bevor, du musst die ungeheure Fläche des Meeres durchpflügen und du wirst nach Hesperien (= Italien) kommen, wo der lydische Tiber zwischen an Männerschar fruchtbaren Landflächen in sanftem Strom fließt. Dort sind dir frohe Dinge, ein Königreich und eine königliche Ehefrau bestimmt; vertreibe die Tränen um deine liebe Creusa.'"

  Erläuterung: Hier bekommt Aeneas sehr präzise geografische Angaben, was sein Ziel und seine Zukunft ist, nämlich Italien und das Tiberufer, wo er ein neues Reich und eine neue Familie gründen wird. Der Tiber wird lydisch genannt; es wird sich herausstellen, dass die Trojaner über ihren Urvater Dardanus eigentlich aus Latium stammen und die Flucht aus der Heimat somit in Wirklichkeit eine Heimkehr ist. Mehrere illustrative **Hyperbata** veranschaulichen die Schilderung Creusas, zeigen zeitliche Ausdehnung oder räumliche Weite: *longa … exsilia, vastum … aequor*; ineinander verschachtelt lassen sie eine ganze Landschaft sichtbar werden, in denen weite Felder von den Schleifen eines großen Flusses umgeben sind: *Lydius … Thybris* umschließt *arva … opima* und *leni … agmine.*

Aeneas ist jetzt so weit, dass er seinen Auftrag vollkommen versteht und dazu bereit ist, ihn zu erfüllen. Er beweint seine Frau und kehrt dann zu seiner Familie zurück:

- „*Atque hic ingentem comitum adfluxisse novorum*
  invenio admirans numerum, matresque virosque,
  collectam exsilio pubem, miserabile vulgus.
  Undique convenere animis opibusque parati
  in quascumque velim pelago deducere terras" (796–800).
  Übersetzung: Und hier entdecke ich mit Staunen, dass eine ungeheure Zahl neuer Gefährten zusammengeströmt ist, Mütter und auch Männer, die zum Exil gesammelte Jugend, ein bemitleidenswertes Volk. Von allen Seiten kamen sie zusammen, bereit in der Seele und mit Ausrüstung, egal, in welche Länder ich sie über das Meer wegbringen wollte."

  Erläuterung: Aeneas hat sich vom Krieger zum Anführer einer Schicksalsmission gewandelt und findet konsequenterweise jetzt die Menschen vor, die er in eine neue Heimat leiten soll. Die Größe der Flüchtlingsgruppe wird wieder in einem verschachtelten **Hyperbaton** sichtbar: *ingentem comitum … novorum … numerum*. In einer **Dihärese** werden die neuen *comites* präzisiert: Männer, Frauen, Kinder, alle in dem elenden Zustand, in den sie der Untergang ihrer Heimat und der Verlust lieber Menschen und aller Habe versetzt hat. Warum sie all ihre Hoffnung auf Aeneas setzen, ist nicht deutlich genannt; er ist der Einzige, der weiß, wie die Bestimmung lautet.

Mit Aeneas machen sich die Überlebenden bei Tagesanbruch auf:

- „*Iamque iugis summae surgebat Lucifer Idae*
  ducebatque diem, Danaique obsessa tenebant
  limina portarum, nec spes opis ulla dabatur.
  Cessi, et sublato montis genitore petivi" (801–804).
  Übersetzung: „Und schon erhob sich Lucifer auf den Jochen des höchsten Ida und brachte den Tag, die Danaer hielten die Schwellen der Tore besetzt, und es bot sich keinerlei Hoffnung auf Hilfe. Ich wich und mit meinem Vater auf den Schultern zog ich zu den Bergen."

  Erläuterung: Diese Schlussverse des 2. Buches sind ein sprachliches Kunstwerk. Ein weites **Hyperbaton** *(iugis … Idae)* zeichnet den lang gestreckten Kamm des Ida-Gebirges, über dessen höchster Stelle sich die Sonne erhebt – *Lucifer* bezeichnet den Lichtbringer, zusammengesetzt aus *lux* und *ferre* –, und in einer **Enallage** wird das Attribut *summae* auf *Idae* anstatt auf *iugis* bezogen; eine bei Vergil häufige Stilfigur. Das Verb *cessi* ist mit Bedacht gewählt: Es bezeichnet nicht einfach das Gehen, sondern das Weichen, den Rückzug. Es handelt sich um eine unfreiwillige Wahl der Richtung. Der Singular enthält ebenfalls eine Aussage: Es ist Aeneas, der das Signal gibt, der die Richtung und die Geschwindigkeit vorgibt. Er ist der Anführer seines Volkes geworden.

Das 2. Buch ist durch die Durchbrechung der chronologischen Abfolge nicht der Beginn des **Epos**, aber es ist faktisch der Beginn der Handlung. In ihm erfahren wir, wer Aeneas war und wer er geworden ist. Wir können beobachten, wie ihn die Götter Schritt für Schritt mit psychologischer Feinfühligkeit und Berechnung in fein dosierten Verkündigungen umdrehen, ihn vom selbstvergessenen Krieger zum verantwortungsbewussten Anführer und Beschützer zunächst seiner Familie, dann seines Volkes machen. Sein *furor* wandelt sich in *cura,* dann in *pietas,* das Pflichtbewusstsein gegenüber dem Vater, dem Staat und den Göttern. Es gibt nichts mehr, was ihn hält; seine Richtung ist klar, und ab jetzt wird er sie verfolgen. Immer, wenn er abzuweichen droht, werden die Götter ihm ein Zeichen schicken und die Aufklärung über seine Bestimmung, sein persönliches ***fatum***, das seines Volkes und seiner Nachkommen wird jedesmal präziser und detaillierter, bis er weiß, dass das Ziel die Herrschaft des Augustus ist. Das wird ihm helfen, die Person Aeneas, die er nach wie vor ist, immer wieder zu bestärken und auf das Ziel auszurichten. Er ist kein neuer Mensch geworden, ein perfekter Held schon gar nicht; sonst wäre sein Verhalten nicht *pietas.* Er hat aber ein klares Ziel gezeigt bekommen, und weil er dieses trotz aller Rückschritte immer wieder neu in den Blick fasst, ist er der *pius Aeneas.*

4 Zeitleiste

	Römische Geschichte		Vergil: Leben und Werk
		70 v. Chr.	Geburt am 15. Oktober
63 v. Chr.	Konsulat Ciceros; Geburt Oktavians am 23.September		
60	1. Triumvirat (Pompeius, Crassus, Caesar)		
58–50	Caesar Statthalter in Gallien; Gallischer Krieg		
49–45	Bürgerkrieg zwischen Caesar und Pompeius sowie dessen Anhänger		
45–44	Alleinherrschaft Caesars		
43	2. Triumvirat (Antonius, Oktavian, Lepidus); Proskriptionen	43–39	*Eclogae (Bucolica)*
42	Schlacht bei Philippi; Landenteignungen in Italien zur Ansiedlung von Veteranen		
40	Vertrag von Brundisium (Aufteilung des Reichs zwischen Oktavian, Antonius und Lepidus); Beginn der Beziehung zwischen Antonius und Kleopatra		
		37–29	*Georgica*
31	Seeschlacht bei Actium; Niederlage des Antonius und der Kleopatra		
		ca. 29 –19	*Aeneis*
27 v. Chr.	16. Januar: Titel *Augustus* für Oktavian; Beginn des Prinzipats (Kaiserzeit)		
		19 v. Chr.	Tod am 21. September

Livius

1 Biografie

Über die Person des Livius ist wenig bekannt. Er wurde wahrscheinlich im Jahr 59 v. Chr. in Padua geboren und starb 17 n. Chr., vielleicht auch in Padua. Politische Ämter strebte er nicht an. Seine Jugendzeit war vom Erlebnis der Bürgerkriege geprägt: Die Bürgerkriege zwischen Caesar und dem Senat, Caesars Diktatur, die auf Caesars Ermordung folgenden Kriege und der große Kampf zwischen Antonius und Oktavian, dem späteren Augustus, betrafen mit ihren schlimmen Folgen das ganze Reich, Italien und auch Livius' Heimatstadt. Livius betrachtete die Motivation der Politiker seiner Zeit sehr skeptisch, was aus seinem Werk deutlich hervorgeht. So ist sein Lob der großen Vorzeit gut nachvollziehbar.

2 Werke

Livius verfasste außer den 142 Büchern von *Ab urbe condita,* wie sein monumentales Geschichtswerk in den Handschriften genannt wird, auch andere Werke, von denen uns aber nichts erhalten ist. Sein Hauptwerk entstand innerhalb von vier Jahrzehnten; es machte schon früh seinen Namen in literarischen Kreisen bekannt. So kam Livius auch mit Augustus und dem Kreis des Maecenas in Kontakt. Offenbar erregte er bei Augustus auch mit seiner Zeitkritik keinen Anstoß.
Das große Geschichtswerk *Ab urbe condita* behandelt die Geschichte Roms von ihren Anfängen bis in die Gegenwart; der Tod des Drusus im Jahr 9 v. Chr. war das letzte behandelte Ereignis. Die Geschichte folgt dem **annalistischen** Prinzip, d. h., die Ereignisse werden chronologisch im Takt einzelner Jahre behandelt, was dem Muster der sakralen Geschichtsprotokollierung entspricht, wie sie in Rom üblich war. Die Bücher lassen sich in Pentaden und Dekaden ordnen, also in Gruppen von fünf oder zehn Büchern.
Die meisten der 142 Bücher sind nur in kurzen Zusammenfassungen, den *Periochae,* überliefert. Daneben sind die Bücher 1–10, welche die Frühzeit bis kurz vor dem Beginn des 1. Punischen Krieges behandeln,

sowie die Bücher 21–45 mit der Schilderung des 2. Punischen Krieges und der folgenden Ereignisse im Osten komplett erhalten.
Sicher auch aufgrund des **narrativen**, manchmal fast **romanhaften** und dramatischen Charakters der Darstellung erlangte das Werk des Livius schon zu seinen Lebzeiten große Bekanntheit. Spätantike und Mittelalter überlieferten die Texte jedoch sehr unvollständig; erst in der Renaissance und der beginnenden Neuzeit wurde Livius wieder sehr intensiv gelesen und in vielen literarischen und darstellenden Werken verarbeitet.

3 Livius als Historiker

In seiner ***Praefatio*** kündigt Livius an, welchen Prinzipien er in seiner Schilderung der römischen Geschichte von ihren Anfängen bis in die augusteische Gegenwart folgen will. Es geht ihm nicht um eine nüchterne Protokollierung des Geschehenen, die in vielen Fällen gar nicht mehr möglich ist, da die Geschehnisse im Dunkel der Zeit liegen:

- *Quae ante conditam condendamve urbem poeticis magis decora fabulis quam incorruptis rerum gestarum monumentis traduntur, ea nec adfirmare nec refellere in animo est. Datur haec venia antiquitati, ut miscendo humana divinis primordia urbium augustiora faciat. Et si cui populo licere oportet consecrare origines suas et ad deos referre auctores: ea belli gloria est populo Romano, ut, cum suum conditorisque sui parentem Martem potissimum ferat, tam et hoc gentes humanae patiantur aequo animo, quam imperium patiuntur* (praef. 6 f.).
  Übersetzung: Was aus der Zeit vor der Gründung der Stadt und vor der Absicht ihrer Gründung an Dingen überliefert worden ist, die mehr durch dichterische Mythen als durch Zeugnisse der Geschichte berühmt sind, das beabsichtige ich weder zu bestätigen noch zu widerlegen. Diese Nachsicht wird der uralten Vergangenheit zugestanden, dass sie durch Vermischung von Menschlichem und Göttlichem die Anfänge von Städten erhabener gestaltet. Und wenn es irgendeinem Volk gestattet ist, seinen Ursprüngen einen heiligen Charakter zu verleihen und seine Gründer zu den Göttern zu erheben: Solch einen Kriegsruhm besitzt das römische Volk, dass, wenn es als den Vater seines Gründers als wahrscheinlichsten Mars überliefert, die anderen Menschenvölker auch dies gelassen hinnehmen, so wie sie seine Herrschaft hinnehmen.

Erläuterung: Livius respektiert **Mythen** wie etwa den von Romulus und Remus und will sie nicht als unwahrscheinlich oder gar als bewusst erfunden entlarven. Die Anfänge der römischen Geschichte sind nicht mehr zu rekonstruieren. Die Geschehnisse der frühen Zeit wurden von den Zeitgenossen des Livius aber, soweit sie wie historische Ereignisse aussehen, als Tatsachen akzeptiert. Zudem ist der Kriegsgott als Vater des Stadtgründers Romulus ein **mythologisches** Erklärungsmodell, das durch die unglaublich erscheinende Expansion der zunächst so unbedeutenden Stadt am Tiber über den gesamten Mittelmeerraum und bis nach Afrika, Asien und Nordeuropa eine gewisse Berechtigung besitzt.

Livius begründet sein **Motiv**, sich gerade den Ereignissen der Frühzeit zuzuwenden, mit den Nöten des gegenwärtigen Rom, das so groß geworden ist, dass es jetzt an den Symptomen seiner eigenen Größe leidet *(quae ab exiguis profecta initiis eo creverit, ut iam magnitudine laboret sua)*. Die Beschäftigung mit der Vergangenheit ist für ihn Therapie:

- *Ego contra hoc quoque laboris praemium petam, ut me a conspectu malorum, quae nostra tot per annos vidit aetas, tantisper certe, dum prisca illa tota mente repeto, avertam, omnis expers curae, quae scribentis animum etsi non flectere a vero, sollicitum tamen efficere posset* (praef. 5).
  Übersetzung: Ich hingegen erstrebe auch diesen Lohn meiner Mühe, dass ich mich vom Anblick der Übel, welche unsere Generation so viele Jahre lang gesehen hat, jedenfalls so lange, wie ich jene alten Ereignisse mit ganzem Denken ins Gedächtnis rufen, abwenden kann, von jeder Sorge unberührt, welche den Geist des Schreibenden wenn doch nicht von der Wahrheit abbringen, aber dennoch beunruhigen kann.

  Erläuterung: Das Schreiben über Vergangenes befreit ihn davon, sich mit Gegenwärtigem beschäftigen zu müssen, über das er nur mit Mühe unparteiisch schreiben könnte.

Ein noch wichtigeres **Motiv** ist das Studium der Qualitäten der früheren Römer, welche diese befähigten, Rom so groß zu machen:

- *Ad illa mihi pro se quisque acriter intendat animum, quae vita, qui mores fuerint, per quos viros quibusque artibus domi militiaeque et partum et auctum imperium sit; labente deinde paulatim disciplina velut desidentis primo mores sequatur animo, deinde ut magis magisque lapsi sint, tum ire coeperint praecipites, donec ad haec tempora, quibus nec vitia nostra nec remedia pati possumus, perventum est* (praef. 9).

Übersetzung: Darauf soll für sich jeder seine Aufmerksamkeit richten, was für ein Leben, welche Sitten es gab, mithilfe welcher Männer und welcher Fertigkeiten in Frieden und Krieg die Macht geschaffen und auch ausgedehnt wurde; dann soll er darauf achten, wie zuerst, als die Disziplin allmählich ins Wanken geriet, die Sitten sich lockerten, wie sie dann mehr und mehr zerfielen, bis man zu den gegenwärtigen Zeiten kam, in welchen wir weder unsere Laster noch deren Heilmittel ertragen können.

Erläuterung: Der Kontrast der großen Vergangenheit, die das Römische Reich schuf, mit der Gegenwart, die von dieser Größe lebt, aber moralisch zugrunde geht, ist ein dauerndes **Motiv** in Livius' Geschichtsdarstellung. Aus dieser Analyse spricht ein tiefer Pessimismus. Eine Therapie ist in seinen Augen nicht möglich. Die Länge der syntaktischen Periode illustriert die jahrhundertelange historische Kontinuität.

Livius wird konkreter:

- *Ceterum aut me amor negotii suscepti fallit, aut nulla umquam res publica nec maior nec sanctior nec bonis exemplis ditior fuit, nec in quam civitatem tam serae avaritia luxuriaque immigraverint, nec ubi tantus ac tam diu paupertati ac parsimoniae honos fuerit: Adeo quanto rerum minus, tanto minus cupiditatis erat. Nuper divitiae avaritiam et abundantes voluptates desiderium per luxum atque libidinem pereundi perdendique omnia invexere* (praef. 11 f.).
  Übersetzung: Im Übrigen trügt mich entweder die Liebe zu meiner begonnenen Arbeit, oder es gab wirklich niemals einen größeren Staat, auch keinen reineren und an guten Vorbildern reicheren, auch gab es keine Bürgerschaft, in die so spät Habgier und Verschwendungssucht einzogen, und keine, wo in solchem Maße und so lange Armut und Sparsamkeit in Ehre standen: So gab es, je weniger Besitz da war, auch umso weniger Gier. Erst vor kurzer Zeit brachten der Reichtum die Habgier und die überbordenden Lustbarkeiten die Sehnsucht herein, an Luxus und Begierde zugrunde zu gehen und alles zugrunde zu richten.

  Erläuterung: Die Misere der Gegenwart kommt aus dem ungeheuren Reichtum, der seit dem Sieg über Karthago nach Rom geflossen ist. Bis dahin hatten der Zwang zur Selbsterhaltung und die Orientierung an den Großtaten der Vorfahren materielle Begierden klein gehalten. Jetzt fehlt die äußere Bedrohung, und der Überfluss beginnt das Denken der Menschen zu dominieren, bis hin zum Verlust jeglicher moralischer Schranken.

Das ***exemplum*** der Vorzeit ist in dieser Situation das wichtigste Ideal für Livius; seine Geschichtsdarstellung führt den Lesern seiner Zeit Personen und Ereignisse vor Augen, an denen sich besondere Verdienste und Fähigkeiten, aber auch besonders negative Eigenschaften und Verhaltensweisen beispielhaft darstellen lassen. Man bezeichnet dies aus heutiger Perspektive als **exemplarische** Geschichtsschreibung. Diese Methode äußert sich bei Livius in einer ausgesprochen **narrativen** Darstellung: Geschichte wird in Geschichten erzählt, Personen werden mit einem Charakter ausgestattet, ihre **Motive** werden hinterfragt und **dramaturgisch** ausgestaltet, sie sprechen in ausführlicher wörtlicher Rede. Dies ist in unseren Augen keine streng **wissenschaftliche** Geschichtsschreibung. Immer wieder begründen **aitiologische** Episoden Bräuche oder andere Fakten der Gegenwart. All das sind Erzähltechniken, die einer modernen Vorstellung von **wissenschaftlicher** Geschichtsdarstellung nicht entsprechen, ebenso wenig wie Livius' Umgang mit Quellen. Fast nie erfahren wir, woher er sein Wissen hat; Quellen oder historiografische Vorgänger werden anonym zitiert, wobei man oft nicht entscheiden kann, ob ein vager Bezug auf Gewährsleute *(sunt, qui dicant)* bedeutet, dass es wirklich Interpretationen eines Ereignisses gibt oder ob es sich um eine versteckte Interpretation von Livius selbst handelt. Den Anspruch der Objektivität darf man an ihn nicht stellen; das hat er ja in der ***Praefatio*** auch angekündigt. Ihm geht es um Orientierung für eine Generation, die er als ethisch zerrüttet empfindet, und deshalb ist ihm die Darstellung von Werten wie *pietas, constantia, clementia,* generell ***virtus***, von zentraler Bedeutung.

4 Sprachliche Darstellung

Die folgende Episode aus dem 1. Buch von *Ab urbe condita* (1,12, 4–9) zeigt einige der kompositorischen und sprachlichen Charakteristika des Livius sehr deutlich. Es handelt sich um eine Schlacht zwischen den Römern und den Sabinern. Kurz nach der Gründung Roms durch Romulus hatten die Römer, die ja keine Frauen von Alba Longa an den Tiber mitgebracht hatten, die Sabiner zum Einweihungsfest eingeladen und ihnen nachts ihre Töchter geraubt. Die Sabiner zogen ab und kehrten bewaffnet zurück, um sich ihre Töchter mit Waffengewalt zurückzuholen. Durch Verrat gelang es ihnen, das Kapitol einzunehmen. Die Römer, angeführt von Romulus, werden von den Sabinern durch das Tal des späteren Forum Romanum in Richtung des Palatin gejagt.

- *Romulus et ipse turba fugientium actus arma ad caelum tollens: „Iuppiter, tuis", inquit, „iussus avibus hic in Palatio prima urbi fundamenta ieci. Arcem iam scelere emptam Sabini habent. Inde huc armati superata media valle tendunt. At tu, pater deum hominumque, hinc saltem arce hostes, deme terrorem Romanis fugamque foedam siste. Hic ego tibi templum Statori Iovi, quod monumentum sit posteris tua praesenti ope servatam urbem esse, voveo."*

  Übersetzung: Romulus, auch selbst durch die Menge der Fliehenden getrieben, erhob die Waffen zum Himmel und rief: „Jupiter, von deinen Vögeln angewiesen, habe ich hier auf dem Palatin die ersten Grundmauern für die Stadt gelegt. Die Burg besitzen die Sabiner schon, durch ein Verbrechen genommen. Von dort aus streben sie hierher mit Waffengewalt, nachdem sie schon das Tal zur Hälfte erobert haben. Aber du, Vater der Götter und Menschen, halte wenigstens von hier die Feinde ab, nimm den Römern den Schrecken und halte die schimpfliche Flucht auf. Hier gelobe ich dir, dem Jupiter Stator, einen Tempel, damit dieser ein Mahnmal dafür sei, dass die Stadt durch deine eigenhändige Hilfe gerettet worden ist."

  Erläuterung: Romulus wird als ***exemplum*** dargestellt. Er flieht nicht vor den Feinden, sondern wird von der Masse der Fliehenden mitgerissen *(turba fugientium actus)*. Die einzige Instanz, die ihm helfen kann, ist Jupiter, den er in wörtlicher Rede anruft. Oft verwendet Livius Partizipien statt Nebensätze *(actus, tollens, emptam, armati, superata)*. Bewusst lässt Livius Romulus nicht die Hände zum Himmel heben, sondern seine Waffen *(arma)*; eine überraschende **Wortwahl**. Die Verwendung unerwarteter Wörter fällt noch öfter auf *(tuis … iussus avibus; arcem … scelere emptam; superata media valle)*. Immer wieder finden sich Klang- und Stellungsfiguren: **Alliterationen** *(actus arma; Palatio prima)* und **Hyperbata** *(tuis … iussus avibus; prima urbi fundamenta:* man sieht die Stadtmauer, welche die Stadt umschließt). Wichtige Begriffe stehen am Satzanfang oder am Satzende *(tuis iussus avibus; arcem; at tu)*. – Nach ausführlicher Schilderung der Situation folgen die Bitte um Beendigung der Flucht und das Gelöbnis des Tempels. So erweist sich diese Episode als **Aitiologie** für die Existenz des Jupiter-Stator-Tempels auf dem Forum Romanum. Damit nimmt Livius höchstwahrscheinlich eine Legende auf, die schon existierte.

- *Haec precatus, velut si sensisset auditas preces, „Hinc", inquit, „Romani, Iuppiter optimus maximus resistere atque iterare pugnam iubet!" Restitere Romani tamquam caelesti voce iussi; ipse ad primores Romulus provolat.*

Übersetzung: Als er dies Gebet gesprochen hatte, rief er, als hätte er gespürt, dass sein Gebet erhört worden sei: „Von hier aus, Römer, befiehlt uns Jupiter, der Beste und Größte, Widerstand zu leisten und den Kampf wieder aufzunehmen!“ Die Römer leisteten Widerstand, als sei es ihnen von einer himmlischen Stimme befohlen worden; Romulus selbst rannte zu den vordersten Kämpfern.

Erläuterung: Es ist deutlich, wie Livius ein historisches Ereignis **romanhaft** ausgestaltet: Romulus wendet sich voller Gewissheit an seine Leute *(velut si sensisset auditas preces)*. Man kann diese Worte als **Ironie** des Autors interpretieren – wer spürt schon, ob sein Gebet erhört wurde? – oder als Charakterisierung des Romulus, entweder als besonders religiös oder als besonders trickreich. Die direkte Verständigung mit den Göttern ist wiederholt zu sehen *(tamquam caelesti voce iussi)*, ebenso die vielleicht **ironische** Distanz, die sich in *tamquam* ausdrückt. Wieder fällt ein Partizip auf, das hier etwa einen AcI ersetzt. Die römischen Kämpfer gehorchen jedenfalls unmittelbar, was durch die Wortwiederholung, ein **Polyptoton**, ausgedrückt wird *(resistere – restitere)*. Romulus agiert wieder als ***exemplum***, indem er sich mitten in den Kampf stürzt. Erneut ist die **Wortwahl** ungewöhnlich *(ad primores, provolat)*, die **Alliteration** intensiviert den Vorgang.

- *Mettius Curtius ab Sabinis princeps ab arce decucurrerat et effusos egerat Romanos, toto quantum foro spatium est.*

  Übersetzung: Mettius Curtius war von den Sabinern als Erster von der Burg heruntergestürmt und hatte die kopflos fliehenden Römer vor sich hergetrieben, auf der ganzen Ebene, welche das Forum einnimmt.

  Erläuterung: Wie in einem Kameraschwenk richtet sich der Blick jetzt auf den Anführer der Sabiner, ein **romanhafter** Zug. Zugleich erfolgt hier ein Zurückspulen in der Zeit: Die Vertreibung der Römer vom Kapitol und deren Flucht durch das Forumstal hat ja schon stattgefunden. Die **Wortwahl** *(ab Sabinis, effusos)* ist ungewöhnlich. Die Zersprengung des römischen Heeres wird durch ein **Hyperbaton** anschaulich *(effusos egerat Romanos:* zugleich eine **Alliteration**). Dies geschieht gleich zweimal; in dem Nebensatz *toto quantum foro spatium est* ist die Weite des Forumstals durch das **Hyperbaton** illustriert, die Stellung von *toto* am Anfang durch die **Inversion** von *quantum* betont die totale Auflösung der Römer, die **Verschränkung** beider kongruenter Wortpaare in einem doppelten **Hyperbaton** malt die Konfusion sichtbar aus.

- *Nec procul iam a porta Palati erat clamitans: „Vicimus perfidos hospites, inbelles hostes; iam sciunt longe aliud esse virgines rapere, aliud pugnare cum viris."*
  Übersetzung: Und er war nicht mehr weit vom Tor des Palatins, als er ausrief: „Wir haben die eidbrüchigen Gastgeber besiegt, die unkriegerischen Feinde; jetzt wissen sie, dass es etwas völlig anderes ist, junge Frauen zu rauben, als mit Männern zu kämpfen!"

  Erläuterung: Livius verwendet gerne **Intensiva** (*clamitare* statt *clamare*). Er lässt auch Mettius in wörtlicher Rede sprechen; mitten im Kampf gelingt es ihm, ein doppeltes **Oxymoron** mit einer auffallenden **Assonanz** zu formulieren (*perfidos hospites, inbelles hostes*). Ein **Archaismus** (*inbelles* statt *imbelles*) lässt das lange zeitliche Zurückliegen der Ereignisse hörbar werden. Eine weitere **Klangfigur** (*virgines – viris*) und der **Chiasmus** *virgines rapere – pugnare cum viris* machen die kurze Rede vollends zu einem Sprachkunstwerk.

- *In eum haec gloriantem cum globo ferocissimorum iuvenum Romulus impetum facit. Ex equo tum forte Mettius pugnabat; eo pelli facilius fuit. Pulsum Romani persequuntur, et alia Romana acies, audacia regis accensa, fundit Sabinos.*
  Übersetzung: Auf ihn unternimmt Romulus, als er so prahlt, mit einem Haufen der wildesten jungen Männer einen Angriff. Vom Pferd aus kämpfte Mettius da gerade; daher war es leichter, ihn zu vertreiben. Als er in die Flucht geschlagen ist, verfolgen ihn die Römer, und eine andere römische Abteilung, angeheizt von der Kühnheit des Königs, treibt die Sabiner auseinander.

  Erläuterung: Immer wieder findet man Partizipien (*gloriantem, pulsum*), die prägnante Wortstellung am Satzanfang (*in eum, ex equo, pulsum*), auffallende **Wortwahl** (*cum globo* statt etwa *manu:* die Wildheit wird so noch mehr betont), die ungewöhnliche Konstruktion *eo pelli facilius fuit* mit dem passivischen Infinitiv. Livius sucht die Kürze **(brevitas)**, spart jedes mögliche Wort ein, um das Überstürzen der Ereignisse sichtbar zu machen. Zudem fällt er ins ***praesens historicum*** (*facit, persequuntur, fundit*), das das Geschehen dramatisch vergegenwärtigt.

Der Ansturm der Sabiner kommt also kurz vor dem Palatin zum Halt; und entweder die ***virtus*** des Romulus, das Eingreifen Jupiters oder eine Kombination beider Faktoren wendet die Schlacht zugunsten der Römer. Es ist schwierig, hier eine Wertung der Akteure zu erkennen, was typisch ist für römische Geschichtsschreiber. Beide Heerführer zeichnen sich durch Kühnheit aus und führen ihre Truppen wirklich ohne

Rücksicht auf die eigene Person. Der Standpunkt des Mettius wird einerseits durch anerkannte Grundsätze bekräftigt: Der Gast ist heilig, und wer ihn als Gastgeber schädigt, begeht einen schlimmen Frevel, und zwar ausgerechnet gegen Jupiter, den Behüter des Gastrechts. Mettius hat also Recht, wenn er die Römer *perfidos hospites* nennt. Andererseits wird im nächsten Atemzug seine Aussage als Prahlerei bewertet *(gloriantem)* und die Ereignisse zeigen, dass Jupiter wirklich den Römern beisteht. Mettius wird im Folgenden sogar eher lächerlich gezeichnet, denn er flieht in einen Sumpf, wo er stecken bleibt, bis ihn seine herbeieilenden Gefährten herausziehen. Es gibt rätselhafte Episoden in römischen Geschichtswerken, auch bei Livius, wo Gegner der Römer mit ihren Aktionen oder Aussagen im Recht, die Römer moralisch im Unrecht sind. Dennoch siegen die Römer. Vielleicht steckt dahinter die römische Überzeugung, letztlich einem gottgegebenen Plan zu folgen, der sogar unrechtmäßige Mittel deckt. Mettius und die Sabiner haben Recht; die Römer haben ihre Töchter in einer Situation geraubt, in der das Gastrecht jeden Übergriff gegen den Gast absolut verboten hat. Die Römer sind Frevler, dennoch hilft ihnen Jupiter; und die Aussage des Mettius qualifiziert diesen als Aufschneider.

Bemerkenswert ist für unsere heutige Vorstellung von historischer **Authentizität**, in welchem Umfang Livius seine Personen gestaltet, sie sprechen lässt und charakterisiert. Sicher hat er Romulus und die geschilderten Ereignisse als historische Fakten akzeptiert; er schildert aber nicht nur das Faktum, also die Eroberung des Kapitols durch die Sabiner, die Bedrängnis der Römer und die Wendung der Schlacht, sondern er fügt Gefühle, Aussagen und Bewertungen hinzu und gestaltet im Ganzen die Darstellung zum **Roman** aus. Wie er in der ***Praefatio*** angekündigt hat, geht es ihm um die Schaffung von ***exempla***, welche den Aufstieg Roms zur Weltmacht verstehen helfen und welche zugleich den Zeitgenossen vor Augen halten, was an Moral und Selbstlosigkeit verloren gegangen ist. Dieser Absicht wird das, was für uns heute **Wissenschaftlichkeit** bedeutet, völlig untergeordnet. Ein moderner Historiker wird nur das als Tatsache akzeptieren, was durch Quellen belegt ist und in anderen Fällen das Nichtwissen dokumentieren. Für römische Historiker ist historische Tatsachentreue kein Wert an sich, sie stellen Ereignisse mit einer Absicht dar, sie verwenden Ereignisse zum Beleg ihrer Absicht, sie gestalten sie entsprechend oder erfinden sie sogar. Hierzu werden alle verfügbaren gestalterischen und **dramaturgischen** Mittel eingesetzt.

5 Zeitleiste

Römische Geschichte		Livius: Leben und Werk	
59 v. Chr.	Konsulat Caesars	59 v. Chr.	Titus Livius wird in Padua geboren
49–45	Bürgerkrieg zwischen Caesar und Pompeius sowie dessen Anhänger	49	Padua erhält das römische Bürgerrecht
45–44	Alleinherrschaft Caesars		
43	2. Triumvirat (Antonius, Oktavian, Lepidus)		
42	Schlacht bei Philippi; Landenteignungen in Italien zur Ansiedlung von Veteranen		
40	Vertrag von Brundisium (Aufteilung des Reichs zwischen Oktavian, Antonius und Lepidus); Beginn der Beziehung zwischen Antonius und Kleopatra		
36	Seeschlacht bei Naulochoi (Oktavian besiegt Sextus Pompeius); Ausschaltung des Triumvirn Lepidus; Beginn der direkten Rivalität zwischen Oktavian und Antonius		
31	Seeschlacht bei Actium, Niederlage des Antonius und der Kleopatra	31	Nach dem Sieg Oktavians begibt sich Livius nach Rom
27	16. Januar: Titel *Augustus* für Oktavian; Beginn des Prinzipats (Kaiserzeit)		
9 v. Chr.	Augustus' Stiefsohn Drusus stirbt am 14. September infolge eines Beinbruchs in Germanien	9 v. Chr.	Der Tod des Drusus ist das letzte beschriebene Ereignis in *Ab urbe condita*
14 n. Chr.	Tod des Augustus; Nachfolger wird Tiberius		
		17 n. Chr.	Tod in Padua

Ovid

1 Biografie

Publius Ovidius Naso hat in seinen Dichtungen, vor allem in den autobiografischen der Verbannungszeit, einige Informationen über sein Leben hinterlassen. Diese Spuren sind unregelmäßig und punktuell. Wir kennen sein Geburtsdatum und seine Herkunft: Er wurde am 20. März 43 v. Chr. in der kleinen Stadt Sulmo, 150 Kilometer östlich von Rom in einem Tal der Abruzzen, geboren. Seine Kindheit und frühe Jugend fallen in die Zeit der Bürgerkriege zwischen den Caesarianern und dem Senat, des Krieges gegen Sextus Pompeius und später des letzten großen Bürgerkrieges zwischen Oktavian und Antonius. Ob diese Prägung durch Nachrichten von den Kriegen und vielleicht eigene Erlebnisse für seine geistige Entwicklung Konsequenzen hatten, ist nur indirekt zu erschließen. Jedenfalls klingt sogar aus Passagen, in denen er Augustus lobt, eine **ironische** Distanz heraus, die es schwer macht, zu glauben, dass er dessen Herrschaft, vielleicht auch die Art, wie er sie erlangte hatte, uneingeschränkt akzeptierte. Hierin ist er ganz anders als die anderen großen augusteischen Dichter, Horaz und Vergil, die durch dieselben Kriege und den anschließenden Frieden zu einer augustusfreundlichen Ansicht gelangt sind, die sich nach einer entschiedenen und auch in proaugusteischen Texten teilweise thematisierten Oppositionshaltung bewusst zu Verfechtern der augusteischen Ideologie gewandelt haben, wenn auch mit kritischen Untertönen.

1 Ausbildung und frühe Werke

Ovids Vater war wohlhabend genug, um seinen Söhnen eine gute Ausbildung in Rom zu ermöglichen. So genoss Ovid umfassenden rhetorischen Unterricht durch die führenden Rhetoriklehrer seiner Zeit. Seine psychologische Sensibilität und seine Fähigkeit, sich in Menschen hineinzuversetzen und sie in ihren spezifischen Situationen sprechen zu lassen, wurden durch die rhetorischen Übungen stark gefördert. Hierzu gehörte es etwa, sich in die Situation einer historischen oder **mythischen** Gestalt zu versetzen und sie sprechen zu lassen. In seinem Werk spielt die ausgearbeitete Rede eine wichtige Rolle, wo er die Prosarede zu Versen umgestaltete. Die *Heroides*, eine Sammlung fiktiver Briefe **mythischer** Frauengestalten, sind das markanteste Beispiel dieser von

der Rhetorik geprägten Dichtung, aber auch zahlreiche Monologe und Reden in den *Metamorphosen*.
Ovid schlug nie eine politische Laufbahn ein, sondern widmete sich vollständig der Dichtung. Er fiel reichen Gönnern früh auf und kam so mit den großen Dichtern der augusteischen Epoche in Kontakt. Wann seine Werke genau entstanden bzw. veröffentlicht wurden, ist nicht exakt belegt. In den ersten Jahren von Augustus' Prinzipat entstanden die *Amores*, etwas später die *Heroides*, um die Zeitenwende die *Ars amatoria* und die *Remedia amoris*. Um die genauen Entstehungszeiten dieser Werke gibt es wissenschaftliche Kontroversen.

2 Spätere Werke, Verbannung und Lebensende

Nach einer Pause seiner dichterischen Tätigkeit entstanden etwa ab 8 n. Chr. die *Metamorphosen* und die *Fasti*. Vielleicht noch vor der Vollendung oder kurz nach dem Abschluss der *Metamorphosen* trat die Katastrophe in Ovids Leben ein: Er wurde von Augustus lebenslang relegiert. Die *relegatio* ist eine mildere Form der Verbannung, durch die der Verurteilte nicht sein Vermögen und sein Bürgerrecht verliert, aber Italien verlassen und an einem ihm zugewiesenen Ort fern von Rom leben muss.
Für Ovid bedeutete dies, dass er die letzten etwa acht Jahre seines Lebens in der kleinen Stadt Tomi am Schwarzen Meer, heute Constanța in Rumänien, verbringen musste. Womit er bei Augustus Anstoß erregte, ist unklar. Theorien, wonach seine lockeren Liebesgedichte dem auf Wiederherstellung alter Sittenstrenge bedachten Princeps zuwider gewesen seien, sind nicht überzeugend. Ebenso ist denkbar, dass Ovid in eine Hofintrige, vielleicht einen Ehebruch im familiären Umfeld des Augustus, verwickelt war, vermutlich unfreiwillig, wie sich aufgrund einiger seiner Aussagen vermuten lässt. Ovid spricht von einem *error* (z. B. trist. 1,109 f.), führt aber nie aus, worin dieser bestanden haben könnte. Möglicherweise war ein solches Ereignis der Tropfen, der das Fass zum Überlaufen brachte; Ovid war sicher nicht der konformistische und loyale Dichter, der sich vorbehaltlos der augusteischen Linie unterordnen wollte.
In der Verbannung entstanden die *Tristia* und die *Epistulae ex Ponto*, zwei Elegiensammlungen, in welchen Ovid sein Schicksal beschrieb, es beklagte und durch Bitten an Augustus und, nach dessen Tod, an Tiberius zu verändern suchte. Aber auch unter Tiberius gelang es ihm und seiner in Rom gebliebenen dritten Ehefrau nicht, eine Begnadigung zu erreichen. Ovids Tod fällt irgendwann in die Jahre 17 oder 18 n. Chr., soweit man dies aus Hinweisen auf aktuelle Ereignisse als *terminus post quem* in seinen letzten Werken erschließen kann.

2 Werke

- ***Amores*** (ca. ab 20 v. Chr.): Liebeselegien in drei Büchern. Ovid spielt mit der hellenistischen Gattung der Liebeselegie, oft in **ironischer** Weise. Er gestaltet die Sammlung als Schilderung einer Liebesaffäre mit einer Frau namens Corinna, wobei er verschiedene gattungstypische Situationen durchspielt (Verliebtheit, Werbung um die Geliebte, Eifersucht, Warten vor ihrer Tür, Streit, Schwierigkeiten der Kontaktaufnahme, sogar Folgen einer Abtreibung, Erkalten der Liebe, Ende der Beziehung). Mit seinen Verfremdungen und völlig neu gestalteten **Motiven** durchbricht Ovid die Tradition völlig. Er bezieht sich ausdrücklich auf frühere Vertreter der Gattung.
- ***Heroides*** (ca. 20–10 v. Chr.): Sammlung von 21 Briefen in Elegieform. Berühmte Frauen aus der **Mythologie** schreiben Briefe an Männer, derentwegen sie leiden, etwa Penelope an Odysseus, Briseis an Achilles, Dido an Aeneas, Medea an Iason, Helena an Paris. Ovid greift damit einen Übungstyp der Rhetorenausbildung auf, erschafft aber eine ganz neue Form der Elegie. Der fast feministische Aspekt seiner Dichtungen wirkt noch heute sehr modern.
- ***Ars amatoria*** (bis ca. 2 v. Chr.): Sammlung von Elegien in 3 Büchern. Ovid schreibt einen Ratgeber für Männer (2 Bücher) und Frauen (1 Buch) über verschiedene Probleme der Liebe, etwa über die Pflege des Äußeren, über Tricks in der Werbung, über geeignete Situationen und Methoden für die Annäherung, über vorteilhafte Kleidung und das Kaschieren körperlicher Mängel. Das Werk bietet ein anschauliches Bild der augusteischen Gesellschaft und ihrer Normen.
- ***Remedia amoris*** (bis ca. 2 v. Chr.): Ein langes Gedicht in Form einer Elegie, welches beiden Geschlechtern Hilfe im Fall des Scheiterns einer Liebesbeziehung geben will.
- ***Metamorphosen*** (ca. ab der Zeitenwende): **episches** Gedicht in 15 Büchern (siehe S. 77 ff.).
- ***Fasti*** (gleichzeitig mit den *Metamorphosen*; unvollendet): Kalender der römischen Feste im Jahresablauf, angelegt auf 12 Bücher. Das Versmaß ist das elegische Distichon. Wahrscheinlich wegen seiner Verbannung im Jahr 8 n. Chr. konnte Ovid die Arbeit nicht fertigstellen; es existieren 6 Bücher. Die Feste werden erläutert, ihre Entstehung und ihr **Mythos** gestaltet.
- ***Tristia*** (ab 8 n. Chr.): Trauerelegien aus der Verbannung in Tomi; in 5 Büchern beschreibt Ovid, wie ihn die Verbannung getroffen hat,

wie er Rom verlassen musste, wie gefahrvoll die Reise an den Verbannungsort war. Die Schilderung des kulturfernen und gefährlichen Lebens im barbarischen Tomi nimmt weiten Raum ein, wobei Ovid seinen Verbannungsort am Ende der römischen Welt nachweislich viel schlimmer darstellt, als er vermutlich war. Immer wieder äußert er Reue und bittet um Aufhebung des Verbannungsurteils. Den Grund seiner Verbannung bezeichnet er nur mit den Worten *carmen et error*, ohne beides genauer zu benennen.

- ***Epistulae ex Ponto*** (nach den *Tristia*): Die Fortsetzung der Tristien ist eine Elegiensammlung in 4 Büchern, die etwa dieselben **Motive** enthält wie diese.

3 Ovids Hauptwerk: Die *Metamorphosen*

Wenn man die *Metamorphosen* als **Epos** bezeichnet, so darf man darunter nicht ein erzählendes Werk verstehen, das von einem durchgehenden Handlungsverlauf oder durch ein einheitliches Personal bestimmt ist. Der rote Faden ist abstrakt; er zeigt sich in verschiedenen Charakteristika der in den 15 Büchern gestalteten Episoden und ist **motivisch** oder thematisch in der Form der Verwandlung, der **Metamorphose**, zu suchen.

Die kompositorische Struktur der *Metamorphosen* kann ebenfalls nicht auf eine geradlinige Einteilung reduziert werden; sie ist vielschichtig und spielt sich in einander überlagernden Ebenen ab. Ovid verwischt Grenzen in jeder Weise. Das gesamte **Epos** umfasst 15 Bücher, die nicht durch deutliche Einschnitte wie etwa Themenwechsel voneinander getrennt sind. Der Übergang vom einen zum anderen Buch ist oft so fließend gestaltet und geradezu überbrückt, dass man die Absicht erkennt, eine mögliche Zäsur bewusst zu überdecken. Dies spiegelt das fundamentale Kriterium des Werks wider: Es handelt sich um ein *carmen perpetuum*, eine fortlaufende Schilderung der Weltgeschichte in chronologischem Verlauf von der Schöpfung bis in die augusteische Gegenwart. So wenig wie der Lauf der Zeit hat auch das Werk einen Einschnitt. Ein anschauliches Beispiel für diesen buchübergreifenden Verlauf ist der Phaethon-Mythos: Die Vorgeschichte wird am Ende des 1. Buches angelegt (750–779); das 2. Buch nimmt diese Handlung zäsurlos auf und man sieht die Burg des Sol und gleich darauf Phaethon, wie er zum Palast seines Vaters kommt.

Vielfach sind Einzelepisoden in Rahmenhandlungen eingebettet, so in der Form, dass eine Person oder eine Gottheit erzählt (z. B. die lykischen Bauern), oft in Rückblicken. Die gerade Chronologie wird auf diese Weise gebrochen und gelockert.
Es lassen sich nach der Urgeschichte in den beiden ersten Büchern drei große Komplexe von **mythologischen** bzw. historischen Geschichten erkennen, die den Gesamtbogen des **Epos** bilden: der thebanische Sagenkreis, die attischen **Mythen** und die römischen, welche mit dem trojanischen Sagenkreis beginnen. Überlagert wird dieser Dreiklang von einem weiteren aus urgeschichtlicher, **mythologischer** und historischer Sphäre, wobei für den antiken Menschen die Trennlinie zwischen den beiden letzteren viel unschärfer war als für unsere Zeit.
Das augenscheinlichste Merkmal der Handlung sind die als Titel des Werks gewählten Verwandlungen, die jede Episode abschließen, die sich oft auch im Verlauf von Einzelhandlungen ereignen. Sie kündigt Ovid im **Proömium** an:

- *In nova fert animus mutatas dicere formas*
  corpora; di, coeptis (nam vos mutastis et illas)
  adspirate meis primaque ab origine mundi
  ad mea perpetuum deducite tempora carmen! (1,1–4).
  Übersetzung: In neue Gestalten gewandelte Körper zu schildern, treibt mich mein Sinn; ihr Götter (denn ihr habt auch diese verwandelt), gebt meinem Beginnen Rückenwind und führt vom ersten Ursprung des Alls bis zu meinen Zeiten das fortlaufende Lied herab!

  Erläuterung: Das **Epos** *(carmen)* ist also die kontinuierliche, ununterbrochene Schilderung *(perpetuum)* der Weltgeschichte, und die Wandlung, die Entstehung des Neuen aus dem Vorigen, ist deren ständige Qualität.

Die **Motive** der Verwandlungen sind vielfältig; die **Metamorphose** kann Schöpfung (Deucalion und Pyrrha) oder Rettung bewirken (z. B. Daphne), sie kann Strafe sein (z. B. Arachne), sie kann Nebenwirkung eines Ereignisses sein (z. B. die Farbe einer Pflanze: Pyramus und Thisbe bzw. Hyacinthus, oder eines Flusses: Marsyas – hier vermischen sich die **Motive** der Bestrafung und der Farbveränderung), sie kann Effekt einer extremen Emotion sein (Niobe) oder auch auf Wunsch eintreten (Midas, Pygmalion). Die **Apotheose** (z. B. Hercules, Aeneas, Romulus) ist die spektakulärste Form der **Metamorphose**; am prominentesten sind als Finale des Werks die Entrückung Caesars und als noch zu erwartende **Metamorphose** die Gottwerdung des Augustus. Ein Katalog aller

Arten, **Motive** und Effekte von **Metamorphosen** würde aufgrund ihrer Vielgestaltigkeit den Rahmen sprengen.

4 Sprachliche Darstellung

Ovids Darstellungsweise soll hier anhand der Narcissus-Metamorphose (met. 3,339–510) exemplarisch vorgestellt werden: Narcissus wird als Junge an der Schwelle zum Mannesalter geschildert, den Mädchen wie auch junge Männer begehren, der aber alle Anträge hochmütig abweist.

- *Multi illum iuvenes, multae cupiere puellae;*
  sed fuit in tenera tam dura superbia forma.
  Nulli illum iuvenes, nullae tetigere puellae (353–355).
  Übersetzung: Viele junge Männer, viele Mädchen begehrten ihn; aber es war in der zarten Gestalt ein so harter Stolz. Keine jungen Männer, keine Mädchen berührten ihn.

  Erläuterung: Die Gleichheit der umfassenden Verse fällt ins Auge. Dem *cupere* folgt kein *tangere*. Die Ursache steht in der Mitte: *dura superbia*, durch das **Hyperbaton** eingeschlossen in die zarte Gestalt des jungen Mannes. Das Verb *tetigere* ist ambivalent: Es kann körperliche und seelische Berührung bedeuten. Seine verliebten Altersgenossen ließen ihn kalt.

In Narcissus verliebt sich nun Echo, eine Nymphe, welche von Juno schwer bestraft worden ist, weil sie diese durch unnötiges Schwatzen davon abgehalten hat, Jupiter bei Seitensprüngen mit anderen Nymphen zu erwischen. Dafür kann sie nun nicht mehr reden, sondern nur noch Gehörtes nachplappern.

- *Ergo ubi Narcissum per devia rura vagantem*
  vidit et incaluit, sequitur vestigia furtim,
  quoque magis sequitur, flamma propiore calescit,
  non aliter quam cum summis circumlita taedis
  admotas rapiunt vivacia sulphura flammas.
  O quotiens voluit blandis accedere dictis
  et mollis adhibere preces! Natura repugnat
  nec sinit, incipiat, sed, quod sinit, illa parata est
  exspectare sonos, ad quos sua verba remittat (370–375).

Übersetzung: Als sie nun den Narcissus, wie er durch wegloses Land irrte, gesehen hat und entflammt ist, folgt sie seinen Spuren heimlich, und je mehr sie ihm folgt, entflammt sie in drängenderem Feuer, nicht anders, als wenn der vorne an Fackeln herumgestrichene Schwefel das darangehaltene Feuer gierig ergreift. O wie oft wollte sie mit schmeichelnden Worten zu ihm gehen und es mit sanften Bitten versuchen! Ihre Eigenart widersetzt sich und lässt nicht zu, dass sie beginnt, aber, was sie zulässt, dazu ist sie bereit, nämlich Laute zu erwarten, auf welche sie ihre eigenen Worte zurückgeben kann.

Erläuterung: Narcissus ist vereinsamt. Er lehnt die Menschen ab, die ihn lieben. Ovid ist sehr konsequent: Er lässt den dadurch vollkommen isolierten, aus der menschlichen Gesellschaft ausgeschiedenen Protagonisten durch die Wildnis irren, einen für antike Menschen erschreckenden und unheimlichen Bereich, abseits menschlicher Gemeinschaft. Narcissus schließt sich von der Menschheit völlig aus. Die Nymphe, eine Naturgottheit, sieht ihn und fängt Feuer. Diese **Metapher** wird von Ovid durch den **Vergleich** mit einer Fackel vertieft. Was die anderen konnten, nämlich Narcissus ansprechen, das ist ihr durch Junos Strafe verwehrt. Der **emphatische** Ausruf *o quotiens …* macht das Drängende ihres Verlangens anschaulich, zugleich aber auch ihre Unfähigkeit. Sie ist zur passiven Rolle verdammt gegenüber demjenigen, von dem sie eine aktive Rolle nicht erwarten kann. Ovid ist ein scharfer Beobachter seelischer Vorgänge. Oft spürt er den Vorgängen in der Psyche tief und **empathisch** nach, wobei er, wie hier in dem Bild der mit Schwefel bestrichenen Fackeln, auch **Gleichnisse** verwendet.

- *Forte puer comitum seductus ab agmine fido*
dixerat: „Ecquis adest?" et „Adest" responderat Echo.
Hic stupet, utque aciem partes dimittit in omnis,
voce ‚Veni!' magna clamat: Vocat illa vocantem.
Respicit et rursus nullo veniente „Quid" inquit
„me fugis?" Et totidem, quot dixit, verba recepit.
Perstat et alternae deceptus imagine vocis
„Huc coeamus" ait, nullique libentius umquam
responsura sono „Coeamus" rettulit Echo
et verbis favet ipsa suis egressaque silva
ibat, ut iniceret sperato bracchia collo.
Ille fugit fugiensque „Manus conplexibus aufer!
Ante" ait „emoriar, quam sit tibi copia nostri";
rettulit illa nihil nisi „Sit tibi copia nostri!" (379–392).

Übersetzung: Einmal hatte der Junge, von der treuen Schar seiner Kameraden abgeirrt, gesagt: „Ist jemand da?" Und Echo hatte geantwortet „Jemand da!" Er erstarrt, und wie er den Blick in alle Richtungen wendet, ruft er mit lauter Stimme: „Komm!" Sie ruft nach dem Rufenden. Er schaut hinter sich, und weil wieder niemand kommt, sagt er: „Warum fliehst du vor mir?" Und sooft er spricht, bekommt er seine Worte zurück. Er bleibt hartnäckig und sagt, getäuscht vom Trugbild der antwortenden Stimme: „Hier lass uns zusammenkommen!", und da sie auf keinen Laut jemals lieber antworten wollte, gab Echo zurück: „Lass uns zusammenkommen!", und sie freute sich über ihre eigenen Worte, trat aus dem Wald hervor und eilte, ihre Arme um den erhofften Nacken zu legen. Jener flieht und ruft im Fliehen: „Halte deine Hände von der Umarmung zurück! Eher will ich sterben, als dass über mich du Macht haben kannst!" Sie gab zurück nur: „Über mich du Macht haben kannst!"

Erläuterung: Ovids Meisterschaft der dramatischen Spannung zeigt sich an diesem virtuosen Spiel mit der Sprache exemplarisch. Echos Hoffnungslosigkeit wird von Ovid durch den scheinbaren Dialog ins Unermessliche gesteigert. Sie kann Narcissus antworten, aber durch die wörtliche Wiederholung von Narcissus' Worten gewinnen diese eine Bedeutung, die er mit aller Macht von sich weist. Sie hat nicht die Möglichkeit, eigene Worte zu formen, sie muss seine Worte benutzen, kann sich ihm so nähern und scheitert. Ihre Hoffnung wird durch das passende Wort „*Coeamus!*", das sie aus vollster Seele zurückgibt, auf einen Höhepunkt geführt, von dem sie gleich darauf ins Bodenlose abstürzt. Ovid zeigt die Macht von Sprache eben anhand der Ohnmacht, die aus dem Defizit eigener Sprache herrührt. – Die freie Benutzung der Tempora ist oft zu beobachten: Die Erzählung lässt das Plusquamperfekt zum Aufbau eines Handlungsrahmens, das Perfekt und das **praesens historicum** für die eigentliche Handlung zu.

- *Spreta latet silvis pudibundaque frondibus ora*
  protegit et solis ex illo vivit in antris.
  Sed tamen haeret amor crescitque dolore repulsae.
  Extenuant vigiles corpus miserabile curae
  adducitque cutem macies et in aera sucus
  corporis omnis abit. Vox tantum atque ossa supersunt:
  Vox manet, ossa ferunt lapidis traxisse figuram.
  Inde latet silvis nulloque in monte videtur,
  omnibus auditur: Sonus est, qui vivit in illa (393–401).

Übersetzung: Abgewiesen verbirgt sie sich in den Wäldern, und voll Scham bedeckt sie mit Laub ihr Gesicht und lebt ab da in einsamen Höhlen. Aber dennoch hängt in ihr die Liebe fest und wächst durch den Schmerz über die Abweisung. Der stets wache Kummer lässt ihren armen Körper abmagern, und die Magerkeit lässt ihre Haut einschrumpfen, und der Saft des Körpers verflüchtigt sich vollständig in die Luft. Ihre Stimme allein und ihre Knochen sind übrig: Die Stimme bleibt, die Knochen, sagt man, hätten die Form des Gesteins angenommen. Seitdem lebt sie verborgen in den Wäldern und lässt sich an keinem Berg sehen, an jedem hören: Der Klang ist es, der in ihr lebt.

Erläuterung: Das erste Wort, *spreta,* fasst das Geschehen zusammen, das zweite, *latet,* Echos zukünftige Lebensform. Das Verborgensein führt sie durch das Laub herbei. Die Reihenfolge von *latet* und *protegit* vertauscht die natürliche Abfolge der Handlungen ***(hysteron proteron)***. Ovid zeichnet eine anschauliche **Kulisse** der Wildnis mit Wäldern und Höhlen. Echos psychische Verfassung ist auch jetzt noch unverändert. Ovid beschreibt die Auswirkungen verschmähter Liebe auf die Gesundheit realistisch, aber in extremer Verschärfung. Ein **polysyndetisches Trikolon** teilt das körperliche Schwinden Echos in drei Aspekte auf **(Dihärese):**
- Die Sorgen und die Abmagerung handeln **personifiziert**.
- Die Unablässigkeit des stets wachen Kummers umklammert den Körper der Nymphe sichtbar in Form des **Hyperbatons**.
- Ihre Körpersäfte verflüchtigen sich.

Für einen Menschen wären diese Entwicklungen das Ende der körperlichen Existenz. So ist es auch bei Echo: Sie aber ist als Nymphe unsterblich. Ihr innerstes Wesen bleibt erhalten. **Anaphorisch** wird das Fortdauern ihrer Stimme und ihrer Knochen betont. *Inde* wird vom römischen Leser temporal („von da an"), aber auch konsekutiv („infolgedessen") verstanden: Die Folge ihres körperlichen Schwindens ist die Unsichtbarkeit, die ausschließliche Existenz als Stimme, die alles Gehörte wiederholt. Die **Metamorphose** ist so radikal, wie sie ohne totale Auslöschung der materiellen Existenz Echos nur sein kann.

Die Erzählung wendet sich nun wieder Narcissus zu. Er ist durch die Abweisung sämtlicher Liebesbezeugungen vollständig vereinsamt. Nun lebt er im Wald auf einer Wiese an einem Bach:

- *Fons erat inlimis, nitidis argenteus undis,*
  quem neque pastores neque pastae monte capellae

contigerant aliudve pecus, quem nulla volucris
nec fera turbarat nec lapsus ab arbore ramus.
Gramen erat circa, quod proximus umor alebat,
silvaque sole locum passura tepescere nullo (407–412).

Übersetzung: Eine Quelle war da, schlammfrei, silbern von blitzenden Wellen, welche weder Hirten noch auf dem Berg weidende Ziegen berührt hatten oder anderes Vieh, die kein Vogel und kein Tier aufgewühlt hatte, auch nicht ein vom Baum gefallener Ast. Gras wuchs ringsum, welches das nahe Wasser nährte, und ein Wald, der nicht zuließ, dass der Ort von der Sonne aufgeheizt wurde.

Erläuterung: Häufig zeichnet Ovid eine anschauliche **Kulisse**, in der er seine Handlung spielen lässt. Viele der Wandlungen spielen sich in der Natur ab. Die Sprache ist bildhaft; der Dichter zeichnet jedes Detail einer kühlen Waldwiese, auf der im Schatten eine Quelle entspringt. Eigentlich ist das ein Idyll, ein Ort, an dem eine Nymphe wohnen könnte; hierin liegt eine pikante Spannung, da Narcissus eben eine Nymphe abgewiesen hat. Der Platz ist fern von jeglicher menschlichen Aktivität; sogar Tiere und Pflanzen – die Bäume verschonen das Wasser mit abgebrochenen Ästen – tasten ihn nicht an. Es ist ein unwirklicher Ort. Er ist für den einsamsten Menschen von allen reserviert; hier wird er seine Katastrophe erleben. Das Wasser allein, rein und unberührt von jeglichem Lebewesen, Mensch, Tier und Pflanze, ist das Medium, das ihm etwas zeigen kann, zu dem er Liebe empfinden wird.

Als Narcissus einmal trinken will, erblickt er sein Spiegelbild im Wasser:

- *Cunctaque miratur, quibus est mirabilis ipse:*
  Se cupit inprudens et, qui probat, ipse probatur,
  dumque petit, petitur, pariterque accendit et ardet.
  Inrita fallaci quotiens dedit oscula fonti,
  in mediis quotiens visum captantia collum
  bracchia mersit aquis nec se deprendit in illis,
  quid videat, nescit; sed quod videt, uritur illo,
  atque oculos idem, qui decipit, incitat error.
  Credule, quid frustra simulacra fugacia captas?
  Quod petis, est nusquam; quod amas, avertere, perdes!
  Ista repercussae, quam cernis, imaginis umbra est:
  Nil habet ista sui; tecum venitque manetque;
  tecum discedet, si tu discedere possis! (424–437).

  Übersetzung: Und alles bewundert er, wofür er selbst bewundernswert ist: Sich selbst begehrt er besinnungslos, und er, der schön findet, wird selbst schön gefunden, während er erstrebt, wird er selbst erstrebt, und zugleich entflammt er und wird entflammt. Sooft er vergebliche Küsse gab der täuschenden Quelle, sooft er mitten hinein die Arme, welche den Nacken zu umfangen suchten, eintauchte ins Wasser und sich darin nicht ergreifen kann, weiß er nicht, was er sieht; aber was er sieht, wird dadurch entbrannt, und derselbe Irrtum, der sie täuscht, treibt die Augen weiter an. Leichtgläubiger, was versuchst du vergeblich, flüchtige Trugbilder zu fangen? Was du erstrebst, das ist nirgends. Was du liebst – wende nur die Augen ab –, wirst du vernichten! Das, was du siehst, ist der Schatten eines gestörten Bildes: Nichts hat es von sich selbst; mit dir kommt es und bleibt es; mit dir wird es weggehen, falls du es schaffst, wegzugehen!

Erläuterung: Narcissus erleidet das Schicksal Echos. Seine Tragik liegt nicht in der Sprachlosigkeit, sondern in der Unfähigkeit, seine Liebe auf etwas anderes zu richten als auf sich selbst. Die verzweifelte Szene entwickelt sich anhand einer konzentrierten Fülle von Verben; manche Verse enthalten drei oder vier. Drei Handlungsbereiche oder auch **Wortfelder** umkreisen einander: Das Sehen *(videre, cernere, oculi, simulacra)*, der Irrtum/die Vergeblichkeit *(inprudens, inrita fallaci ... oscula fonti, nec se deprendit, nescit, decipit, error, frustra, imaginis umbra)* und Äußerungen des Begehrens *(miratur, mirabilis, cupit, petit, ardet, uritur, captas, petis, amas)*. Die Aktionen kehren ständig wieder, ein dauernder Kreis wie das Lieben des Narcissus. – Wieder malt Ovid mit Worten: Im Wasser sehen wir das Spiegelbild und die eingetauchten Arme durch das **Hyperbaton** *in mediis ... aquis*. Zwei **verschränkte Hyperbata** *(inrita fallaci ... oscula fonti)* malen das Einswerden des Wassers und der küssenden Lippen. Wie das Wasser Narcissus' Gestalt spiegelt, so spiegelt es auch alle Emotionen. Sprachlich drückt sich das im Wechsel von Aktiv und Passiv aus *(petit/petitur)*, auch im Inhaltlichen *(accendit/ardet)*. Die Vergeblichkeit von Narcissus' Begehren gipfelt in der **Apostrophe** des Dichters: Er tritt aus seiner erzählenden Position und spricht Narcissus direkt an.

Narcissus klagt, bittet das vermeintliche Gegenüber, doch nicht zu fliehen, und leidet unendlich am Scheitern jeglichen Umarmungsversuchs. Im Schmerz zerreißt er sein Gewand und schlägt seine Brust, die sich rötet:

- *Quae simul adspexit liquefacta rursus in unda,*
  non tulit ulterius, sed ut intabescere flavae
  igne levi cerae matutinaeque pruinae
  sole tepente solent, sic attenuatus amore

liquitur et tecto paulatim carpitur igni;
et neque iam color est mixto candore rubori,
nec vigor et vires et quae modo visa placebant,
nec corpus remanet, quondam quod amaverat Echo (486–493).

Übersetzung: Sobald er dies im wieder geglätteten Wasser erblickte, ertrug er es nicht länger, sondern, wie gelbliches Wachs in leichter Flamme und morgendlicher Reif in der wärmenden Sonne dahinzuschmelzen pflegt, so löst er sich auf, dahingerafft von der Liebe, und wird vom inneren Feuer allmählich aufgezehrt; und weder ist die Farbe aus Rot, gemischt mit Weiß, noch da, noch seine Schönheit und die Kräfte, und was gerade noch durch seinen Anblick entzückt hat; noch bleibt der Körper, den einst Echo geliebt hatte.

Erläuterung: Die **Metamorphose** des Narcissus ist die wörtlich umgesetzte Redensart „sich in Liebe verzehren". Ovid schickt, um den Vorgang sofort anschaulich zu machen, einen **Vergleich** voraus. Dieser hat die klassische Form *ut ... sic*: Wachs und Reif verschwinden beobachtbar und scheinbar spurlos in der Hitze. Somit hat der Leser anschaulich vor Augen, wie er sich das Ende des Narcissus vorzustellen hat. Auf zwei Ebenen spielt sich die sinnliche Vorstellung ab: auf der optischen und auf der physisch-haptischen. Man sieht etwas *(flavae cerae, color mixto cantore rubori, visa)* und es erscheint Materielles *(intabescere, igne levi, sole tepente, vigor et vires, corpus)*. Verbunden sind beide **Vergleiche** durch das Feuer: Im **Vergleich** ist es konkret, im konkreten Fall des schwindenden Narcissus wird es zum **Gleichnis**. – Die **Metamorphose** ist total. Der Ursprungskörper wird nicht durch einen anderen ersetzt, er verschwindet.

Echo beobachtet den Vorgang, sie wiederholt jedes seiner klagenden und lockenden Worte, sodass das Leiden angesichts der Unerreichbarkeit des Geliebten sich auf zwei Ebenen abspielt, im Vordergrund und im Hintergrund. Die Geschichte endet mit der Absicht der Nymphen, den Toten zu bestatten:

- *Iamque rogum quassasque faces feretrumque parabant:*
  Nusquam corpus erat; croceum pro corpore florem
  inveniunt foliis medium cingentibus albis (508–510).

  Übersetzung: Und schon bereiteten sie einen Scheiterhaufen und geschwungene Fackeln und die Bahre vor: Nirgends war ein Leichnam; eine gelbe Blume statt des Körpers finden sie, mit weißen Blättern, welche die Mitte umgeben.

  Erläuterung: Nun wird erkennbar, dass die **Metamorphose** oben nicht bis zum Ende geschildert worden war. Der Körper des Narcissus ist vergangen und es ist etwas Neues entstanden, eine Narzisse. Die **Metamorphosen** dieser Geschichte gehören daher zu den **Aitiologien**, welche Naturphänomene erklären, das Echo und das Vorhandensein der Narzisse.

Ovid nutzt Gestaltungselemente auf verschiedenen Ebenen: Die vordergründigen sprachlichen Mittel sind sparsam und inhaltsbezogen eingesetzt; immer dienen sie der Veranschaulichung der Aussage. Vor allem aber hat die **dramaturgische** Komposition eine wesentliche Funktion. Ovid lässt gleichsam einen Film vor dem Auge des Lesers ablaufen, für den er die **Kulisse**, die Akteure und die eigentliche Handlung sichtbar werden lässt. Alles ist verwoben; die Landschaft steht ebenso im Dienst der Handlung wie die eigentlichen Vorgänge.

5 Zeitleiste

Römische Geschichte		Ovid: Leben und Werk	
43 v. Chr.	November: 2. Triumvirat (Antonius, Oktavian, Lepidus); Ermordung Ciceros am 3. Dezember	**43** v. Chr.	Geburt am 20. März
31	Seeschlacht bei Actium		
27 v. Chr.	16. Januar: Titel *Augustus* für Oktavian; Beginn des Prinzipats (Kaiserzeit)		
		20 v. Chr.	ungefährer Beginn der Arbeit an der elegischen Dichtung (*Amores, Heroides, Ars amatoria, Remedia amoris*)
		1 n. Chr.	ungefährer Beginn der Arbeit an den *Metamorphosen* und den *Fasti*
		8	Verbannung nach Tomi; Beginn der Arbeit an den *Tristia* und *Epistulae ex Ponto*
14 n. Chr.	Tod des Kaisers Augustus; Nachfolger: Tiberius		
		17/18 n. Chr.	Tod in Tomi

Seneca

1 Biografie

Lucius Annaeus Seneca war der mittlere von drei Söhnen des Marcus (?) Annaeus Seneca und seiner Frau Helvia. Er wurde knapp vor der Zeitenwende in Corduba (jetzt Cordoba) in Spanien geboren; das Jahr ist nicht genau zu bestimmen. Schon als Kind kam er nach Rom, wo er rhetorisch und philosophisch ausgebildet wurde. Vielleicht aufgrund seiner lebenslang angeschlagenen Gesundheit verbrachte er mehrere Jahre in Ägypten. Im Herbst 31 n. Chr. kehrte er nach Rom zurück, wo er etwa im Jahr 34/35 die Quaestur, 38/39 ein anderes Amt, vielleicht das Volkstribunat, bekleidete. Seine rednerische Brillanz brachte Kaiser Caligula, der selbst die Krone der Rhetorik beanspruchte, gegen ihn auf; von ihm stammt das Diktum, Senecas Reden seien *harenam ... sine calce*, Sand ohne Kalkzement als Bindemittel (vgl. Sueton, Caligula 53,2). Diese stilistische Charakterisierung kann man, allerdings weniger negativ, an Senecas Texten durchaus nachvollziehbar finden; sein Stil ist stets überraschend, von der ***brevitas*** geprägt und will den Leser bzw. den Hörer durch die überleitungslose Plötzlichkeit gedanklicher Wendungen in Spannung halten.

Kurz nach dem Regierungsantritt des Kaisers Claudius im Jahr 41 wurde Seneca im Zug einer Hofintrige, wahrscheinlich auf Veranlassung der Messalina, der Frau des Kaisers Claudius, auf die Insel Korsika verbannt. Dies war ein katastrophales Urteil für einen gebildeten und in der Öffentlichkeit lebenden Römer. Senecas Leben war abrupt scheinbar aller Zukunft beraubt worden. Eine Perspektive, diese ferne und vom kulturellen sowie politischen Leben abgeschiedene Insel je wieder zu verlassen, gab es für Seneca nicht. In zwei Trostschriften versuchte er, sein Schicksal zu verarbeiten und zugleich seine Begnadigung zu erreichen. Erst nach dem Tod der Messalina und Claudius' Vermählung mit seiner Nichte Agrippina im Jahr 49 endete das Exil, wahrscheinlich, weil die neue Kaiserin den berühmten Redner als Hauslehrer ihres Sohnes Nero am Hof haben wollte. So übernahm er zusammen mit dem Präfekten der Prätorianergarde, Sextus Afranius Burrus, die Erziehung des jungen Prinzen. Ende des Jahres 54 starb Kaiser Claudius, vermutlich durch Gift, und Nero wurde als Siebzehnjähriger auf den Thron gehoben. Seneca verfasste zugleich die ehrende Totenrede, welche Nero vortrug, und eine bissige Satire auf den verstorbenen Kaiser, die *Apocolocyntosis*.

Die literarische Produktion Senecas in den folgenden Jahren verfolgte die Absicht, den jungen Kaiser mit philosophischen Prinzipien vertraut und für seine Aufgaben fähig zu machen. Im Jahr 56 wurde Seneca zum *consul suffectus* ernannt. Der große Einfluss von Seneca und Burrus wurde allmählich von anderen Personen am Hofe Neros geschwächt; Nero entglitt seinen Lehrern. Sie konnten die Ermordung der Agrippina auf Befehl ihres eigenen Sohnes im Jahr 59 nicht verhindern. Nach dem Tod des Burrus waren die Möglichkeiten Senecas, Nero zu beraten, geschwunden. Er bat 62 um seine Entlassung aus Alters- und Gesundheitsgründen. Nero lehnte die Demission ab, wohl auch im Bewusstsein, dass diese seinen Ruf schwer beschädigen würde. In dieser Zeit sind die ersten der Lucilius-Briefe entstanden.
Im Juli 64 brannte Rom, höchstwahrscheinlich nicht auf Neros Befehl, obwohl er von Gegenwart und Nachwelt als Brandstifter verdächtigt wurde. In den Monaten nach dieser Katastrophe begannen Planungen für einen Putsch, der nach einem prominenten Mitwisser als Pisonische Verschwörung bezeichnet wird. Auch Seneca wurde der Mitwirkung verdächtigt, was nicht wahrscheinlich ist; immerhin hatte er aber in seiner Schrift *De beneficiis* deutliche Kritik an Nero geübt. Seneca wurde zum Selbstmord gezwungen, den er am 19. April 65 in bewusster Stilisierung nach dem Vorbild des Sokrates beging (vgl. Tacitus, *Annalen* 15, 60–63).

2 Werke

- ***De consolatione ad Marciam*** (39/40 n. Chr.): Das früheste erhaltene Werk Senecas. Es ist an Marcia, die Tochter des Historikers Cremutius Cordus gerichtet, der im Jahr 25 gestorben war, der Überlieferung nach, weil er sich zu Tode hungerte. Er hatte sich durch seine Schriften beim Princeps Tiberius verhasst gemacht. Seneca preist die Größe Marcias, die für die Erhaltung der Bücher ihres Vaters gesorgt hat, und tröstet sie über dessen Verlust, indem er ihr dessen Größe und Ruhm verdeutlicht.
- ***De ira*** (41 n. Chr.): Die Übersetzung des lateinischen Wortes *ira* ist schwierig: Seneca spricht über eine Emotion, welche den Menschen einerseits vollkommen unbeherrscht und sogar selbstzerstörerisch toben lässt (Jähzorn, Tobsuchtsanfall), aber auch über eine ruhig und rational planende Zerstörungs- und Tötungslust. Die Rolle des Richters wird reflektiert. Ziel ist, den klaren Verstand vollkommen von

zerstörerischen Affekten frei zu halten. Seneca gibt dem Leser Hinweise, wie er in bestimmten Situationen beherrscht handeln kann. Man sieht in *De ira* einen Versuch Senecas, die Angst und die ohnmächtige Wut, die er unter Caligulas Herrschaft erlebte, zu verarbeiten.

- ***De consolatione ad Helviam*** (42 n. Chr.): Der verbannte Seneca tröstet seine Mutter über sein eigenes trauriges Schicksal hinweg, indem er ihr all die glücklichen Umstände ins Bewusstsein ruft, die ihr Leben bestimmen. Sein eigenes Schicksal sei eher ruhmvoll als bedauerlich, was durch historische **Parallelen** großer Verbannter belegt wird.
- ***De consolatione ad Polybium*** (43/44 n. Chr.): Mit dieser Schrift versucht Seneca, den kaiserlichen Freigelassenen Polybius anlässlich des Todes seines Bruders zur Fürsprache bei Kaiser Claudius zu bewegen. Die Begnadigung Senecas werde den Kaiser dem Ideal eines milden Herrschers nahebringen. Schon in diesem Text wird die Bedeutung der *clementia* als Herrschertugend betont.
- ***De brevitate vitae*** (vermutlich ca. 49 n. Chr.): Nicht die Dauer, sondern die Erfülltheit ist das Maß für ein gutes Leben. Da der Zeitpunkt des Sterbens unbekannt ist, soll man den gegenwärtigen Moment nützen, anstatt Wichtiges aufzuschieben oder Sinnloses zu tun. Die lohnendste Beschäftigung ist das Studium der Philosophie.
- ***De tranquillitate animi*** (ca. 53/54 n. Chr.): Unser Leben ist von Ruhelosigkeit bestimmt, da wir unablässig immer neue Ziele verfolgen. Wünschenswert ist aber ein Zustand ruhiger, hingebungsvoller Tätigkeit, mit der wir uns identifizieren können. Der Weg hierzu führt über das Erkennen des eigenen Wesens und ein Leben, das damit in Einklang steht.
- ***Apocolocyntosis*** (54 n. Chr.): Diese Satire gehört eigentlich nicht zu den philosophischen Werken; sie ist eine Parodie auf den seit Augustus üblichen Akt der Vergöttlichung eines verstorbenen Princeps. Claudius will jetzt ebenfalls in den Olymp aufgenommen werden; ein Senat der Götter beschließt aber auf Antrag des vergöttlichten Augustus wegen der vielen von Claudius verantworteten Mordtaten dessen Verbannung aus dem Himmel. – Seneca verspottet die körperlichen Gebrechen und die persönlichen Eigenheiten des Claudius schonungslos. Im Zusammenhang mit der **stoischen** Philosophie ist der Text interessant, weil Seneca in ihm gegen eine ganze Reihe seiner eigenen Maximen verstößt, begonnen mit der Affektfreiheit und der Gelassenheit.

- ***De constantia sapientis*** (ca. 55 n. Chr.): Der Weise kann von keinem Schicksalsschlag wirklich getroffen werden. Selbst politisches und gesellschaftliches Scheitern wie etwa das des Cato Uticensis ist kein Unglück. Diese vermeintlichen Katastrophen sind äußerlich und können die Seele nicht treffen. Weisheit gibt uns die Kraft, über solchen Unglücksfällen zu stehen.
- ***De clementia*** (ab ca. 56 n. Chr.): Nach dem Regierungsantritt des jungen Nero sieht Seneca die Chance, seinen Schüler behutsam zu lenken und zum guten Herrscher zu erziehen. Die Schrift *De clementia* schildert den Herrscher als Stellvertreter der Götter; die Monarchie ist, wie die Natur zeigt, die natürlichste Staatsform. Da der Herrscher ein Mensch ist, muss er gerade die menschliche Neigung zur Grausamkeit bewusst beherrschen. Milde ist eine **stoische** Tugend, die bewusste Kontrolle von destruktiven Affekten, keineswegs Gefühlsduselei oder schwächliches Mitleid.
- ***De vita beata*** (57/58 n. Chr.): Dieses Werk definiert Glück, auch in Abgrenzung von **Epikur**, auf Basis der **stoischen *virtus***-Lehre: Vergängliche Werte tragen dazu nichts bei; einzig die rationale und an moralisch absoluten Maßstäben orientierte Lebensführung kann zu dauerhaftem Glück führen: *Ergo in virtute posita est vera felicitas.* Dieses Glück steht über jedem Schicksalsschlag; der Weise ist unverwundbar.
- ***De beneficiis*** (ca. 59/60 n. Chr.): Mit der richtigen geistigen Haltung beim Geben und Empfangen von Geschenken befasst sich dieser Text. Das wahre Schenken ist kein äußerlicher, materieller Akt, sondern eine innere Hingabe ohne jeden Eigennutz, und so muss das Geschenk auch vom Empfänger aufgefasst werden. In einigen Passagen äußert sich deutlich die Kritik an den Verhältnissen unter Nero.
- ***De otio*** (62 n. Chr.): Der Mensch ist dazu bestimmt, sein Leben der Gemeinschaft zu widmen, also politisch aktiv zu sein. Wenn ihm das nicht möglich ist, soll der Weise den Mitmenschen durch geistige Arbeit, etwa als Schriftsteller, nützen. *Otium* ist nicht einfach Freizeit, sondern aktives Leben abseits der Öffentlichkeit. Auch in diesem Text wird durch die Schilderung der Flucht aus der Politik unausgesprochen Kritik an Neros Herrschaft geübt.
- ***Ad Lucilium epistulae morales*** (ca. ab 62 n. Chr.): Senecas Briefkorpus ist ein Schwerpunkt der Schullektüre. Briefe sind ja kurze, in sich geschlossene Texte und bieten sich daher als Lektürethemen an. Die 124 literarischen Briefe sind an den deutlich jüngeren Lucilius gerichtet; dessen Teil der Korrespondenz ist nicht im Werk enthalten, spie-

gelt sich aber immer wieder in Aussagen Senecas. Die Briefe beschäftigen sich mit dem richtigen Verhalten in verschiedenen Lebenssituationen. Sie sind von unterschiedlicher Länge; es gibt kurze, manche sind dagegen schon kleinere Abhandlungen. Seneca stellt sich selbst als Suchenden dar, nicht etwa als vollendeten Weisen. Diese Solidarisierung mit dem jungen Lucilius ist ein wesentliches Merkmal des Lehrcharakters von Senecas Schriften. – Sehr beliebt als Unterrichtsstoff sind u. a. die ersten drei Briefe (ep. 1 über die Zeit, siehe S. 89 ff.; ep. 2 über das Reisen und das Lesen; ep. 3 über die Freundschaft), ep. 7 über die Gefahren von Menschenmengen (vor allem die Schilderung der Gladiatorenspiele ist bekannt), ep. 47 über den Umgang mit Sklaven (die Seneca als Mitmenschen betrachtet, ohne die Sklaverei als Institution anzuzweifeln) sowie ep. 56 über den Wert der Stille (interessant hier die Schilderung der Atmosphäre in einer Thermenanlage).

- ***De providentia*** (64 n. Chr.): Diese Schrift fragt nach der Rolle der Götter im Leben der Menschen, v. a. der Weisen. Vermeintliche Schicksalsschläge und Prüfungen sind weder Strafen noch Unglück, sondern können, richtig verstanden, den Weg zur seelischen Vollkommenheit weisen und den Tod akzeptieren helfen.
- ***Naturales quaestiones*** (65 n. Chr.): In diesem Werk stellt Seneca eine Vielzahl naturwissenschaftlicher Phänomene vor, die er aus den Werken früherer Forscher gesammelt hat. Sie sind thematisch in sieben Büchern geordnet und immer wieder Aufhänger ethischer Überlegungen.

Neben seinen philosophischen Werken verfasste Seneca eine Reihe von Tragödien mit **mythologischen** Sujets, die man aufgrund ihrer Strukturen und Details wohl als Rezitationsdramen verstehen sollte. Sie sind, ganz anders als seine von Affektbeherrschung bestimmten Prosaschriften, voller Pathos und bühnentechnisch damals nicht darstellbarer Grausamkeiten.

3 Sprachliche Darstellung

Seneca war tief überzeugter Anhänger der **stoischen** Schule. Er war ebenso ein glänzender Redner, der die Methoden und Gesetze der Rhetorik souverän beherrschte und anwandte. Ein philosophisches Lehrgebäude hat er nicht errichtet; dieses existierte bereits, überliefert und gestaltet von vielen Stoikern früherer Jahrhunderte bis hinein in Senecas

Gegenwart. Senecas Absicht, verfolgt in seinen philosophischen Texten, von der Trostschrift an Marcia bis zu *De providentia* und den Lucilius-Briefen, ist es, die Philosophie für die Bewältigung von Lebenssituationen, besonders von schwierigen, traurigen oder gefährlichen, nutzbar zu machen. Dabei haben diese philosophischen Texte sicher zwei Funktionen: zum einen, den Adressaten der Schrift sowie das Lesepublikum zu unterweisen, zum anderen, sich selbst zu therapieren, zu bestärken, zu versichern. Seneca lebte und wirkte in der Öffentlichkeit, prominent vor allem in seiner Funktion als Erzieher und später als Ratgeber und erster Minister Neros, als der er zeitweise die Politik Roms nahezu dominierte.
Diese Aspekte – der Anspruch an sprachliche und kompositorische Qualität, die philosophische Überzeugung und das Bedürfnis, diese beiden Welten zum Nutzen der Menschen zu vereinen und sie zu belehren – bestimmen das Wesen von Senecas Schriften. Seneca will den Menschen helfen, indem er ihnen von der **stoischen** Philosophie geprägte Verhaltensratschläge erteilt, und er kleidet diese Ratgeberliteratur in eine sprachliche Form, die sie eingängig und überzeugend macht.

1 Beispiel *Epistulae morales ad Lucilium* 1

Eine von didaktischen Überlegungen gesteuerte Literatur darf nicht theoretisch und abgehoben sein, sie muss konkret, prägnant, rasch verständlich und mitreißend sein; sie sollte Interesse wecken, Spannungsbögen erzeugen, anschaulich und realitätsnah sein.
Seneca holt den Leser in seiner Umgebung ab. Wir erkennen uns in seinen Schilderungen von Lebenssituationen wieder.

- *Ita fac, mi Lucili: Vindica te tibi, et tempus, quod adhuc aut auferebatur aut subripiebatur aut excidebat, collige et serva. Persuade tibi hoc sic esse, ut scribo: Quaedam tempora eripiuntur nobis, quaedam subducuntur, quaedam effluunt. Turpissima tamen est iactura, quae per neglegentiam fit. Et si volueris adtendere, magna pars vitae elabitur male agentibus, maxima nihil agentibus, tota vita aliud agentibus.*
  Übersetzung: Mache es so, mein lieber Lucilius: Beanspruche dich für dich selbst, sammle und bewahre die Zeit, die dir bis jetzt entweder weggenommen, heimlich entwendet worden oder abhanden gekommen ist. Überzeuge dich davon, dass es sich so verhält: Manche Zeiten werden uns geraubt, einige werden uns unbemerkt entzogen, einige gehen verloren. Am schändlichsten ist dennoch der Zeitverlust, der durch Nachlässigkeit entsteht. Und wenn du es genau betrachten willst: Ein großer Teil des Lebens entgleitet uns, indem wir

Schlechtes tun, der größte Teil, indem wir nichts tun, das ganze Leben, indem wir etwas anderes tun.

Erläuterung: Seneca beginnt mit einem direkten Rat, gehalten in imperativischen Formen. Schon im ersten Satz legt er drei Arten an, auf die uns unsere Lebenszeit abhanden kommt: Menschen stehlen sie uns offen oder unbemerkt, oder sie verschwindet einfach ungenutzt. Diese Dreiteilung wird durch die Wiederholung bekräftigt. Seneca bewertet den Zeitverlust moralisch: Unbedacht mit diesem wertvollen Gut umzugehen, ist die verurteilenswerteste Art des Verlustes. Dann wird Lucilius gleich ein Modell der Gegenwehr angekündigt: Die Art, in der wir unsere Zeit anwenden, entscheidet über ihren Nutzwert. In dieser Passage wird die Anschaulichkeit durch die wiederholte Dreiteilung hergestellt **(asyndetisches Trikolon)**; durch Wiederholung der Kategorisierung wird Senecas Rat eindringlich. Die direkte Anrede, zudem in Imperativen, ist Indiz für den belehrenden Charakter des Textes.

- *Quem mihi dabis, qui aliquod pretium tempori ponat, qui diem aestimet, qui intellegat se cotidie mori? In hoc enim fallimur, quod mortem prospicimus: Magna pars eius iam praeterît; quidquid aetatis retro est, mors tenet. Fac ergo, mi Lucili, quod facere te scribis, omnes horas conplectere; sic fiet, ut minus ex crastino pendeas, si hodierno manum inieceris.*

  Übersetzung: Wen wirst du mir nennen, der der Zeit irgendeinen Wert zumisst, der den Tag schätzt, der versteht, dass er jeden Tag stirbt? In diesem Punkt täuschen wir uns nämlich, dass wir den Tod in der Zukunft sehen: Ein großer Teil von ihm ist nämlich schon vorbei; alles, was von unserer Lebenszeit hinter uns liegt, das besitzt der Tod. Tue also das, mein Lucilius, was du, wie du schreibst, tust: Eigne dir alle Stunden an; so wird es passieren, dass du weniger vom morgigen Tag abhängig bist, wenn du den heutigen fest in die Hand nimmst.

  Erläuterung: Seneca verdeutlicht Lucilius, dass dieser Umgang mit der Lebenszeit verbreitet ist: Alle machen es so. Diese Veranschaulichung wird durch die Form der **rhetorischen Frage** noch dringender. In einem drastischen **Oxymoron** wird die Unersetzlichkeit der vergangenen Zeit illustriert: Wir sterben jeden Tag, seit dem Moment unserer Geburt. Unser Tod wird also nur die Vollendung unseres Sterbeprozesses sein. Diese erschreckende Sichtweise zeichnet den Schaden, der aus der Zeitverschwendung resultiert, in grellen Farben. Dadurch wird der Angesprochene für den folgenden Rat empfänglicher, da dieser die eben geschilderte Notlage bewältigen hilft. Zudem zeigt Seneca dem Empfänger seines Rats, dass er es ja schon richtig macht. Der Lehrer lobt seinen Schüler, um ihn in einer guten Verhaltensweise zu bestärken: Wir verfügen nicht über den morgigen Tag; daher sollen wir heute tun, was immer wir können – eigentlich eine Binsenweisheit, die aber durch die beängstigende Darstellung an Banalität verliert und neuen Sinn bekommt.

- *Dum differtur, vita transcurrit. Omnia, Lucili, aliena sunt, tempus tantum nostrum est; in huius rei unius fugacis ac lubricae possessionem natura nos misit, ex qua expellit quicumque vult. Et tanta stultitia mortalium est, ut quae minima et vilissima sunt, certe reparabilia, inputari sibi cum impetravere patiantur, nemo se iudicet quicquam debere qui tempus accepit, cum interim hoc unum est, quod ne gratus quidem potest reddere.*

  Übersetzung: Während das Leben vertagt wird, eilt es vorüber. Alles, lieber Lucilius, ist fremder Besitz; allein die Zeit gehört uns. Einzig in den Besitz dieser einen flüchtigen und schlüpfrigen Sache hat die Natur uns eingesetzt, aus dem uns verdrängt, wer immer es will. Und so groß ist die Dummheit der Sterblichen, dass sie sich die Dinge, die völlig unbedeutend und wertlos sind, aber bestimmt ersetzbar, in Rechnung stellen lassen, wenn sie sie erlangt haben, dass aber niemand der Ansicht ist, dass er in der Schuld stehe, wenn er Zeit [von jemandem] bekommen hat, wobei dies doch das Einzige ist, was nicht einmal ein dankbarer Mensch zurückgeben kann.

  Erläuterung: Das bisher Gesagte wird in dem kurzen, fast **sentenzhaften** Satz *dum differtur, vita transcurrit* zusammengefasst. Dann beseitigt Seneca eine Illusion: So reich man auch sein möge, das Einzige, was wir wirklich besitzen, ist unsere Lebenszeit, aber dieser Besitz ist so gefährdet, weil die Menschen ihn uns ständig streitig machen. Was dies aber wirklich schlimm macht, ist die Unbekümmertheit der Leute, welche diesem unersetzlichen Gut fast keinen Wert geben. In diesen Sätzen kann sich jeder wiedererkennen; sie beschreiben eine Erfahrung, welche jeder ständig macht. Indem Seneca Begriffe aus dem **Wortfeld** „Geld“ oder „Schulden“ benutzt, wird sein Anliegen noch anschaulicher. **Vergleiche** und **Gleichnisse** sind ein probates Mittel der Belehrung.

- *Interrogabis fortasse, quid ego faciam, qui tibi ista praecipio. Fatebor ingenue: Quod apud luxuriosum sed diligentem evenit, ratio mihi constat inpensae. Non possum dicere nihil perdere, sed quid perdam et quare et quemadmodum dicam. Causas paupertatis meae reddam. Sed evenit mihi, quod plerisque non suo vitio ad inopiam redactis: Omnes ignoscunt, nemo succurrit.*

Übersetzung: Du wirst vielleicht fragen, was ich tue, der ich dir das hier rate. Ich werde es freimütig gestehen: Das, was einem verschwenderischen, aber sorgfältigen Menschen geschieht: Die Rechnung meiner Ausgaben stimmt. Ich kann nicht behaupten, dass ich nichts verliere, aber was ich verliere und wie und auf welchen Wegen, das kann ich dir sagen. Ich kann dir die Gründe meiner Armut nennen. Aber es geschieht mir dasselbe wie den meisten, die durch eigene Verfehlung in Not geraten sind: Alle äußern Verständnis, niemand eilt zu Hilfe.

Erläuterung: Ein Lehrer gewinnt an Glaubwürdigkeit, wenn er selbst als Lernender erscheint. Die **Solidarisierung** mit dem Schüler verstärkt die Vorbildwirkung viel mehr als die unerreichbare Perfektion. Seneca bietet Lucilius diese Identifikation, indem er ihn in einer **fingierten Zwischenfrage** zu Wort kommen lässt. So kann Seneca seine eigene Unzulänglichkeit eingestehen; allerdings muss er sich nicht den schlimmsten Fehler vorwerfen, nämlich nachlässig mit seiner Zeit umzugehen. Er verliert Zeit, weiß aber, wo sie geblieben ist. Der Schluss ist wieder eine **Sentenz:** Man ist wie in anderen Verlustsituationen auf sich allein gestellt. Es gibt Mitleid, aber keine Hilfe.

- *Quid ergo est? Non puto pauperem, cui, quantulumcumque superest, sat est. Tu tamen malo serves tua, et bono tempore incipies! Nam ut visum est maioribus nostris, „Sera parsimonia in fundo est". Non enim tantum minimum in imo, sed pessimum remanet. Vale.*

  Übersetzung: Was folgt also daraus? Ich halte den nicht für arm, dem genug ist, wie wenig auch immer übrig sein mag. Du aber, tu mir den Gefallen, pass auf deinen Besitz auf, und du wirst frühzeitig damit anfangen! Denn wie es unsere Vorfahren für richtig gehalten haben: „Zu spät kommt die Sparsamkeit am Boden des Fasses." Unten ist nämlich nicht nur der kümmerliche Rest, sondern das Schlechteste übrig. Lebe wohl.

  Erläuterung: Seneca fasst das Gesagte wie ein guter Lehrer knapp zusammen. Armut gibt es nur dort, wo Mangel empfunden wird. Ein Zufriedener ist nicht arm. Wichtig ist, dass Lucilius schon in seinen jungen Jahren die Zeit in Ehren hält, obwohl er wahrscheinlich noch viele Jahre leben wird. Dieser Rat wird wieder durch eine **Sentenz** bekräftigt, ein altes bäuerliches Sprichwort: Man soll nicht erst dann sparen, wenn der Mangel schon sichtbar wird. Im Falle der Lebenszeit bedeutet späte Sparsamkeit auch qualitative Einbußen, da das Alter oft durch körperliche Leiden beeinträchtigt wird.

Man erkennt an diesem Brief eine ganze Reihe charakteristischer Merkmale von Senecas Stil: Er bildet kurze Sätze, oft in kunstvoller Gestaltung. Der Altphilologe Manfred Fuhrmann beschreibt Senecas Stil so: „Wie einst Cicero die lateinische Prosa zu klassischer Höhe emporgeführt hatte – durch Behutsamkeit in der Wahl der Ausdrücke, durch Glätte der Wortfolge, durch Ausgewogenheit der Satzgliederung und durch Übersichtlichkeit des Aufbaus –, so brachte ein knappes Jahrhundert später Seneca eine nachklassische, manierierte, barocke Schreibweise zu voller Entfaltung, die sich durch grelle Bilder, zerhackte Sätze und eine eigenwillige Kompositionsweise auf das bestimmteste von den Gepflogenheiten der vorausgehenden Epoche unterschied“[3]. Ludwig Friedländer sagt, Seneca sei „hier und da auch über das Maß des Erlaubten hinausgegangen. Er spricht z. B. von dem Glase, das an die Trunkenheit letzte Hand legt, von Leuten, die mit den Augen gefräßig sind, von der Seelengröße, die das Unglück unter das Joch beugt; er gebraucht Wendungen wie ‚mit dem Schicksal handgemein werden‘, ‚im Alter sich marschfertig machen‘ und dergleichen“[4].

Senecas Aussagen sind prägnant, sollen gerade durch ihre Kürze, durch ihre sprachliche Geschliffenheit und oft durch grelle Bilder und provokative Widersinnigkeit die Neugier des Lesers reizen. Die Knappheit in Senecas Ausdruck ***(brevitas)*** erzeugt oberflächlich den Eindruck sprachlicher Einfachheit; man wird aber immer wieder am Verständnis und an der Wiedergabe im Deutschen feilen müssen. Keineswegs darf man sich durch vordergründig widersinnige Aussagen dazu verleiten lassen, gegen die sprachlichen Signale zu übersetzen.

Oft findet man das **asyndetische Trikolon**, welches zur **Differenzierung** eines Sachverhalts, zur Steigerung oder zur Intensivierung eingesetzt wird. Immer wieder greift Seneca zu **Vergleichen** aus anderen Lebensbereichen. Bilder aus den Bereichen Krankheit und Heilung, Geld oder Handwerk kommen des Öfteren vor.

Die Texte sind von der Lehrabsicht geprägt. Dies zeigt sich in Verbformen mit Aufforderungscharakter, in der direkten Anrede des Adressaten, in der Wiederholung von Thesen, in der **sentenzhaften** Zusammenfassung. Seneca **solidarisiert** sich mit dem Angesprochenen und zeigt sich selbst in seiner eigenen Unvollkommenheit: Auch er ist Suchender und bietet dem Schüler die Gemeinschaft in der Suche an. So motiviert er zu eigener Anstrengung.

3 Fuhrmann, Manfred: Seneca und Kaiser Nero. Eine Biographie. Berlin 1995, S. 129.

4 Friedländer, Ludwig: Der Philosoph Seneca. In: Maurach, Gregor (Hg.): Seneca als Philosoph. Darmstadt 1987, S. 128.

Der Aufbau seiner Texte ist ebenfalls von didaktischen Prinzipien geprägt. Oft finden wir am Anfang eine schlagwortartige Aussage, die vielleicht auf den ersten Blick sogar befremdlich erscheinen kann. So wird die Aufmerksamkeit des Rezipienten geweckt, er will die Auflösung sehen.
Der Adressat wird in seinem eigenen Handeln ernst genommen und gelobt, zuweilen behutsam kritisiert. Gedanken werden entwickelt, resümierend wiederholt, durch **Metaphern** und **Vergleiche** illustriert. Zitate von anderen Autoren am Ende bekräftigen die Richtigkeit der eigenen Gedanken.

2 Beispiel *De vita beata* 17

Ein anderes Beispiel seiner anschaulichen Darstellung ist eine Reihe von fiktiven Vorwürfen, die man ihm, dem **stoischen** Philosophen, der ja materielle Güter gering schätzen sollte, wegen seiner exponierten Stellung und seines Reichtums machte. Anstatt die Tatsache „Du predigst Wasser, trinkst aber Wein" in einem Satz zu nennen, um sich dann zu rechtfertigen, formuliert er vierzehn teils mehrteilige Fragen, in denen er jeden Aspekt eines im Luxus schwelgenden Genießerlebens benennt. Die einfachen Fragesätze werden durch die **Anapher** des Frageadverbs gleichförmig, einzig **variiert** durch den Wechsel von *cur* und *quare*. Diese Passage ist ein Musterbeispiel für **parataktischen** Stil. Erst der letzte Satz löst diese Einfachheit in einem Nebensatz und einer komplizierten relativischen **Verschränkung** auf.

- *Quare ergo tu fortius loqueris quam vivis? Quare et superiori verba summittis et pecuniam necessarium tibi instrumentum existimas et damno moveris et lacrimas audita coniugis aut amici morte demittis et respicis famam et malignis sermonibus tangeris?*
  Übersetzung: Warum redest du standhafter, als du lebst? Warum richtest du deine Worte nach dem Mächtigeren aus und glaubst, Geld sei ein notwendiges Mittel für dich, und warum lässt du dich durch einen Schicksalsschlag rühren und vergießt Tränen, wenn du vom Tod deiner Ehefrau oder eines Freundes gehört hast, und warum kümmerst du dich um deinen Ruf und lässt dich von bösartiger Nachrede beleidigen?

  Erläuterung: Die ersten Vorwürfe gelten der Person des Beklagten: Er predigt in **stoischer** Manier Affektlosigkeit, Geringschätzung von Äußerlichkeiten wie gesellschaftlichem Rang, Verachtung materieller Werte, richtige Bewertung des Todes als der Befreiung der Seele von materieller Einengung, unbeirrte Verfolgung des richtigen Ziels ohne

Rücksicht auf die Meinung der Umgebung. All diese Grundsätze werden aber von ihm selbst ständig aus Schwäche verletzt.

- *Quare cultius rus tibi est quam naturalis usus desiderat? Cur non ad praescriptum tuum cenas? Cur tibi nitidior supellex est? Cur apud te vinum aetate tua vetustius bibitur? Cur aurum disponitur? Cur arbores nihil praeter umbram daturae conseruntur? Quare uxor tua locupletis domus censum auribus gerit? Quare paedagogium pretiosa veste succingitur? Quare ars est apud te ministrare, nec temere et ut libet conlocatur argentum, sed perite struitur et est aliquis scindendi obsonii magister?*
  Übersetzung: Warum ist dein Landsitz gepflegter, als es der natürliche Zweck erfordert? Warum isst du nicht entsprechend deinem Grundsatz? Warum ist dein Geschirr allzu prächtig? Warum wird bei dir Wein getrunken, der älter ist als du? Warum wird alles mit Gold geschmückt? Warum werden Bäume gepflanzt, die nichts geben werden als Schatten? Warum trägt deine Frau an ihren Ohren den Wert eines prächtigen Hauses herum? Warum ist deine Dienerschaft in kostbare Kleider gewandet? Warum ist es eine Kunstfertigkeit, bei dir aufzutragen, und warum wird nicht eben so und wie es gerade passt das Silbergeschirr aufgetragen, sondern kundig arrangiert, und warum gibt es einen Meister für das Tranchieren des Bratens?

  Erläuterung: Die genannten Vorwürfe gelten der Lebensweise des Beklagten. Wir sehen hier wohl eine zutreffende Beschreibung von Senecas materiellen Verhältnissen; er war als Vertrauter Neros einer der reichsten Männer in Rom. Seneca beleuchtet das Thema Luxus in allen Facetten, in einer Lawine drängender Fragen. Eigentlich braucht ein Mensch all diesen materiellen Luxus nicht; er dient der Befriedigung nichtiger, körperlicher Begierden und birgt die stetige Gefahr, dass die Seele in Abhängigkeit gerät. – Die Formulierungen sind zunächst einfach; dann werden sie gesuchter, überraschend und pointiert: *Cur arbores nihil praeter umbram daturae conseruntur? Quare uxor tua locupletis domus censum auribus gerit?* Die kostbar gekleideten Diener werden nicht als Personen genannt, sondern in Form einer **Metonymie** als *paedagogium* bezeichnet, was eigentlich eine Schule für Jungen bzw. für junge Sklaven bedeutet, die für besonders erlesene Dienste ausgebildet werden.

- *Adice, si vis: Cur trans mare possides? Cur plura quam nosti? Cur turpiter aut tam neglegens es, ut non noveris pauculos servos, aut tam luxuriosus, ut plures habeas, quam quorum notitiae memoria sufficiat?*
  Übersetzung: Füge hinzu, wenn du willst: ‚Warum hast du Besitz jenseits des Meeres? Warum hast du mehr, als du kennst? Warum

bist du zu deiner Schande entweder so nachlässig, dass du deine Handvoll Sklaven nicht kennst, oder so vom Luxus abhängig, dass du mehr hast, als dein Gedächtnis behalten könnte?

Erläuterung: Seneca verdeutlicht, dass er selbst hier Vorwürfe fingiert, wie man sie ihm machen könnte bzw. vielleicht auch macht (*adice*). Es ist ein häufiger **Topos**, dass Fragen oder Einwände des angesprochenen Gegenübers in Form der direkten Rede gefasst sind, wie es beim vorliegenden Text der Fall ist. In einer **Klimax** des Reichtums werden sogar überseeische Besitztümer thematisiert. Die Absurdität eskaliert in zwei zusammenfassenden Beobachtungen: Seneca habe den Überblick über den materiellen Besitz verloren und seinen menschlichen Besitz kenne er auch nicht, da er zu viele Sklaven hat, um alle zu kennen. Dafür werden zwei alternative Erklärungen angeboten: *neglegentia* und *luxuria*, Gleichgültigkeit und Besitzgier. Mit diesen beiden Lastern sind die **Motive** übertriebenen Reichtums genannt.

Auch hier ist wieder die Absicht erkennbar, einerseits durch Anschaulichkeit und Lebensnähe, andererseits durch den Verzicht auf die Selbstüberhöhung des Lehrenden den Kampf um das moralische Ziel, die Unabhängigkeit von Äußerlichkeiten, zur gemeinsamen Sache zu machen. Seneca bekennt dann, dass er selbst gegen menschliche Schwächen nicht gefeit ist. Im Weiteren betont er zudem, dass dieser Reichtum ihm dabei hilft, Gutes zu bewirken.

4 Zeitleiste

Römische Geschichte		Seneca: Leben und Werk	
27 v. Chr. bis 14 n. Chr.	Prinzipat des Augustus		
		ca. 1 v. Chr.	Geburt (exaktes Datum/Jahr unbekannt)
14 n. Chr.	Tod des Kaisers Augustus; Nachfolger: Tiberius		
		34/35 n. Chr.	Quästor
37 n. Chr.	Tod des Kaisers Tiberius; Nachfolger: Caligula		

Römische Geschichte

41 n. Chr.	Tod des Kaisers Caligula; Nachfolger: Claudius
54	Tod des Kaisers Claudius; Nachfolger: Nero
59	Ermordung Agrippinas (Mutter Neros)
62	Tod des Prätorianerpräfekten Sextus Afranius Burrus
64	Brand Roms; Beginn der Christenverfolgung
65	Aufdeckung der Pisonischen Verschwörung
66	Selbstmord des Senators Thrasea Paetus
68 n. Chr.	Tod des Kaisers Nero; Dreikaiserjahr (Galba, Otho, Vitellius)

Seneca: Leben und Werk

38/39 n. Chr.	Volkstribun (?)
39/40	*De consolatione ad Marciam*
41	*De ira;* Verbannung nach Korsika
42	*De consolatione ad Helviam*
43/44	*De consolatione ad Polybium*
49	Ende des Exils auf Korsika; *De brevitate vitae* (Jahr unsicher)
53/54	*De tranquillitate animi*
54	*Apocolocyntosis*
ca. 55	*De constantia sapientis*
56	Seneca *consul suffectus;* Beginn der Arbeit an *De clementia*
57/58	*De vita beata*
59/60	*De beneficiis*
62	Versuch Senecas, sich ins Privatleben zurückzuziehen; *De otio;* Beginn der Briefe an Lucilius *(Epistulae morales)*
64	*De providentia*
65 n. Chr.	*Naturales quaestiones;* Selbstmord Senecas am 19. April auf Befehl Neros

Plinius

1 Biografie

1 Kindheit und Jugend

In der Regierungszeit des Kaisers Nero, wahrscheinlich 61 oder 62 n. Chr., wurde Gaius Plinius Caecilius Secundus in Comum (heute Como) in der Provinz Gallia Cisalpina geboren. Obwohl der Vater früh starb, war es der Familie durch die Hilfe einflussreicher Freunde und Verwandter möglich, Plinius in Rom die beste denkbare Ausbildung zukommen zu lassen. Unter diesen Förderern ist vor allem der Bruder von Plinius' Mutter, der ältere Plinius, zu nennen, welcher unter Kaiser Vespasian bis zum Kommandanten der kaiserlichen Flotte aufgestiegen war. Von ihm wurde der junge Plinius adoptiert. Der ältere Plinius war selbst ein führender Wissenschaftler und Schriftsteller, dessen umfassende naturwissenschaftliche Enzyklopädie *Naturalis historia* das gesamte Wissen seiner Zeit darstellt. Für seinen Neffen war dieser Mann durch seinen Fleiß und seine Leistungen ein zentrales Vorbild. Den rastlosen Arbeitsalltag seines Onkels schildert Plinius in ep. 3,5; seinen Tod beschreibt er in seinen wohl berühmtesten Briefen über den Vesuvausbruch im Jahr 79 n. Chr. (ep. 6,16 und 6,20), in dessen Verlauf der ältere Plinius beim Vorhaben, Menschen zu retten und zugleich die Ereignisse des Vulkanausbruchs zu erforschen, ums Leben kam. Im ersten dieser beiden Briefe erwähnt Plinius, dass sein Onkel ihm Lern- und Arbeitsaufträge erteilt hätte, mit deren Erledigung er gerade befasst war, als die Meldung der Katastrophe im Flottenhauptquartier eintraf. Dieser Onkel hatte sich also intensiv der Bildung seines Neffen angenommen.

2 Karriere

Schon früh hielt der jüngere Plinius seine ersten Gerichtsreden. Seine Leistungen eröffneten ihm, vergleichbar mit Cicero, die senatorische Karriere, wobei der Aufstieg eines ***homo novus*** in der Kaiserzeit bei Weitem nicht mehr so einzigartig und sensationell war wie in der römischen Republik. Zudem hatte er auch nach dem Verlust seines Onkels einflussreiche Förderer. Die Stationen seines ***cursus honorum*** sind großenteils bekannt: Nach einer Amtszeit in einem Richterkollegium und dem Militärdienst bekleidete er im Jahr 87 die Quästur; von seiner Ädilität wissen wir nichts. Prätor war er 91 oder 92 n. Chr. und im Jahr 100 wurde er unter Kaiser Trajan (98–117 n. Chr.) zum *consul suffectus* ernannt; es war üblich, dass jedes Jahr mehrere Senatoren mit dem nun wesentlich weniger einflussreichen Konsulsamt geehrt wurden, wobei oft, wie auch im Jahr 100, der Kaiser erster Konsul war, um dem Jahr seinen Namen zu geben. In seiner Amtszeit hielt Plinius eine Lobrede auf Kaiser Trajan, den ***Panegyricus***, die einzige Rede, die von ihm erhalten ist.

3 Spätere Jahre

Nach weiteren Ämtern in Rom wurde er schließlich um das Jahr 110 im Rang eines *legatus Augusti pro praetore consulari potestate* als Statthalter in die Provinz Bithynia et Pontus geschickt. Dem Briefwechsel, den er in dieser Funktion mit Trajan unterhielt, entnehmen wir viel über die Probleme und Aufgaben, die den kaiserlichen Statthalter in dieser kleinasiatischen Provinz beschäftigten. Prominent sind seine Anfragen, wie er mit Christen verfahren solle, und die Antworten des Kaisers, die in das 10. Buch der Briefe aufgenommen wurden. Das abrupte Abbrechen des Briefwechsels lässt vermuten, dass Plinius etwa im dritten Jahr seiner Statthalterschaft, etwa um 113 n. Chr., starb.

2 Werke

1 Die *Epistulae*

Gaius Plinius Caecilius Secundus ist heute vor allem als Korrespondenzpartner bekannt. Sein Briefwechsel mit seinen gelehrten Freunden zeigt ihn uns als einen umfassend gebildeten Angehörigen der literarischen Elite Roms. Zu seinen mehr als hundert Freunden und Briefpartnern gehörten Autoren wie Tacitus, daneben viele Personen, von denen wir wenig mehr wissen als das, was wir unmittelbar aus Plinius' Briefen über sie erfahren. Im ersten Brief schreibt Plinius, dass er seine Briefe selbst zusammengestellt und herausgegeben hat:

- *Gaius Plinius Septicio suo salutem*
  Frequenter hortatus es, ut epistulas, si quas paulo curatius scripsissem, colligerem publicaremque. Collegi non servato temporis ordine – neque enim historiam componebam –, sed ut quaeque in manus venerat. Superest, ut nec te consilii nec me paeniteat obsequii. Ita enim fiet, ut eas, quae adhuc neglectae iacent, requiram et, si quas addidero, non supprimam. Vale (ep. 1,1).

Übersetzung: Du hast mich oft aufgefordert, die Briefe, falls ich einige etwas sorgfältiger geschrieben habe, zu sammeln und herauszugeben. Ich habe sie ohne Beachtung der chronologischen Folge zusammengestellt – es ging mir ja auch nicht um das Abfassen eines Geschichtswerks –, sondern so, wie sie mir gerade in die Hände fielen. Es bleibt der Wunsch, dass du nicht deinen Rat und ich nicht meine Befolgung bereue. So wird es nämlich auch noch so weit kommen, dass ich die, welche bis jetzt unberücksichtigt herumliegen, zusammensuche und, wenn ich neue schreibe, diese nicht zurückhalte. Lebe wohl.

Erläuterung: Plinius gibt hier also vor, von seinem Freund Gaius Septicius Clarus darum gebeten, die von ihm geschriebenen Briefe aus seinem Archiv holen zu wollen, die einen gewissen Anspruch (*curatius*) genügen.

Die Herausgabe einer Schrift oder Schriftensammlung mit der Aufforderung eines Freundes zu begründen, ist ein häufiger literarischer **Topos**. Briefe diktierte man einem Sekretär; Kopien legte man zur Aufbewahrung in das persönliche Archiv. Im Brief 6, 16 wird beschrieben, dass der ältere Plinius ständig einen Schreibsklaven bei sich hatte, dem er jederzeit seine Gedanken und Beobachtungen diktieren konnte. Es bedeutete dem jüngeren Plinius viel, eigene Texte an die Öffentlichkeit herauszugeben, wie er selbst in ep. 1, 2, 6 sagt:

- *Est enim plane aliquid edendum – atque utinam hoc potissimum, quod paratum est! Audis desidiae votum – edendum autem ex pluribus causis, maxime, quod libelli, quos emisimus, dicuntur in manibus esse, quamvis iam gratiam novitatis exuerint; nisi tamen auribus nostris bibliopolae blandiuntur* (ep. 1, 2, 6).

  Übersetzung: Man muss nämlich einfach irgendetwas publizieren – und hoffentlich am ehesten das, was fertig ist! Du hörst den Wunsch der Faulheit – publizieren muss man aber aus mehreren Gründen, hauptsächlich, weil die Büchlein, die wir herausgegeben haben, in den Händen aller sind, obwohl sie den Reiz der Neuheit schon verloren haben; abgesehen davon schmeicheln die Buchhändler unseren Ohren.

  Erläuterung: Der Wunsch, die eigenen Schriften in der Öffentlichkeit zu sehen, war also ein wesentliches **Motiv** für Plinius, seine Briefe zu publizieren. Der Stolz darauf, von Buchhändlern über die hohe Nachfrage nach seinen Schriften informiert zu werden, war ihm wichtig.

Dass Plinius seine Edition als Zufallsprodukt herabspielt, gehört zum üblichen Understatement. Ob man diese Bescheidenheit und gespielte Beiläufigkeit des Plinius für bare Münze nehmen sollte, ist somit fraglich. Eine solche Zusammenstellung wird er unter allen Umständen nach sehr bewussten inhaltlichen und formalen Kriterien vorgenommen haben.

In der Tat ist es aber kaum möglich, eine exakte zeitliche Anordnung der Briefe vorzunehmen, zumal die meisten von ihnen keine historischen oder politischen Angelegenheiten behandeln; vielmehr geht es um literarische, berufliche, wirtschaftliche, gesellschaftliche und weltanschauliche Themen. Die Frage, ob es sich bei diesen Briefen um fiktive Kunstprodukte oder um eine tatsächliche Korrespondenz handelt, wurde von der Wissenschaft unterschiedlich beantwortet. Es spricht mehr dafür, dass die Briefe tatsächlich zum Absenden an die Briefpartner verfasst wurden. Ein Indiz dafür ist etwa, dass Briefe an bestimmte Adressaten bestimmte Dinge immer wieder oder aber überhaupt nicht behandeln, sodass eine persönliche Tendenz in ihnen erkennbar wird. Es herrscht in den Briefen ein monothematischer Charakter vor, d. h. ein Thema dominiert den gesamten Brief. Dies ist in wirklichen Briefen an Freunde und Bekannte eigentlich ungewöhnlich; man erklärt es aber damit, dass in dieser Gesellschaft literarisch gebildeter Männer tatsächlich eine mögliche Publikation der Briefe immer im Hintergrund stand und dass neben der persönlichen Mitteilung auch ein formaler Aspekt eine große Rolle spielte: Man wollte dem Gegenüber nicht nur etwas berichten, sondern ihm in einem Brief, welcher hohe literarische Ansprüche erfüllte, vor allem eine ästhetische Freude bereiten. Die Briefe an den berühmten Autor Tacitus über den Vesuvausbruch sind so gesehen wirklich kleine historische Werke, die in dieser Form zur Veröffentlichung bestimmt waren. Das Wort *curatius* im ersten Brief ist in diesem Sinn zu interpretieren. Plinius hatte, vermutlich wie viele seiner Brieffreunde, eine reiche Sammlung sorgfältig verfasster Schreiben zur Verfügung, aus denen er seine Publikation zusammenstellen konnte. Die Publikation der Bücher 1 bis 9 geschah in mehreren Folgen etwa zwischen den Jahren 96 und 108 n. Chr.; das 10. Buch entstand während der Statthalterschaft in Kleinasien.

Für solche Briefeditionen gibt es prominente Vorbilder; am bekanntesten sind die Briefe Ciceros an seine Verwandten und Freunde, vor allem an Atticus, welche wie die des Plinius alltägliche Themen behandeln, und die Briefe Senecas an Lucilius, welche speziell philosophische Fragen thematisieren.

Der Briefwechsel mit Kaiser Trajan umfasst das ganze 10. Buch des Briefkorpus. Er ist ein einzigartiges Dokument römischer Provinzialver-

waltung, aber auch ein detailreiches Abbild der Gewissenhaftigkeit des Plinius wie auch des Verantwortungsbewusstseins von Kaiser Trajan, der auch mit scheinbar unbedeutendsten Fragen konfrontiert wird und diese beantwortet. In der Tat war eine effiziente und sorgfältige Verwaltung der Provinzen für einen Kaiser ein zentrales Anliegen. Aus ihnen kam der größte Teil der Steuereinkünfte, der Rohstoffe, der Fertigwaren; fast alle Soldaten stammten aus Provinzen. Die Provinzen, vor allem die im Osten, mussten zuverlässig zu Rom stehen, da es dort immer wieder militärische Bedrohungen durch auswärtige Mächte wie etwa die Parther gab. Eine schlampige oder gar ausbeuterische Administration hätte für den Kaiser und für Rom gefährliche Folgen haben können. Die geduldige Hinwendung Trajans zu den Anliegen seines Statthalters ist auf diese Weise zu erklären.
Das Besondere am 10. Buch ist die seltene Tatsache, dass wir hier wirklich einen Briefwechsel, d. h. Brief und Gegenbrief, vor uns haben. Aus den Fragen des Plinius ist ersichtlich, wie wichtig es ihm war, im Sinne des Kaisers zu handeln. Er schildert die finanziellen, politischen, infrastrukturellen und anderen Problemlagen detailliert; die Antworten des Kaisers sind meistens wesentlich kürzer und sehr präzise; aus ihnen spricht neben großer Detailkenntnis der Sachfragen immer wieder das Wohlwollen für seinen gewissenhaften Verwalter. Wer das 10. Buch nach dem Tod des Autors herausgegeben hat, ist nicht bekannt.

2 Der *Panegyricus*

Von den vielen Reden ist nur der ***Panegyricus*** auf Kaiser Trajan erhalten. Diese Preisrede hielt er im September 100 n. Chr. als Dank für die Ernennung zum *consul suffectus*. Lobreden auf den Herrscher sind ein schwieriger Stoff. In den Jahren der Tyrannis etwa unter Nero oder Domitian konnten sie wenig mehr tun als haltlos zu schmeicheln – Tacitus beklagt diese ***adulatio*** an zahlreichen Stellen; in Plinius' Rede ist der vorsichtige Versuch erkennbar, neben dem Lob zugleich einen **Fürstenspiegel** zu schaffen, in dem sich die Hoffnungen und die Erwartungen an Trajans Herrschaft artikulieren. Durch das Lob bestimmter Eigenschaften und Handlungen des Kaisers werden diese zugleich als ideal dargestellt.
Es sind in der Rede verschiedene Absichten erkennbar: Im Vordergrund steht erwartungsgemäß das Lob Trajans, der zwei Jahre zuvor nach dem Tode seines Adoptivvaters Nerva den Thron bestiegen hatte. Plinius stellt Trajan als *optimus princeps* dar. Nerva, seinem Vorgänger, der Trajan durch die Adoption zum Nachfolger machte, gilt der innige Dank des Redners. Dieser Maßnahme ist die Herrschaft Trajans zu verdanken.

Die Hoffnung, dass nach den schlimmen Jahren der Gewaltherrschaft Kaiser Domitians (71–96) nun wieder die Sicherheit und die Würde der traditionellen Staatsorgane hergestellt werden, wird vorsichtig, aber bestimmt in einer geschliffenen gedanklichen Gestaltung geäußert: Plinius will Trajan nicht als Überwesen, sondern als einen Bürger loben; mit seiner Adoption habe Nerva nicht seinen eigenen, sondern den Willen des Volkes vollzogen. Weiten Raum nehmen Trajans militärische Erfolge ein. Die Volksnähe, die Leutseligkeit, die Normalität Trajans werden in vielen Situationen geschildert, im Kontakt mit seinen Soldaten, bei seinem Auftreten in der römischen Öffentlichkeit, wo Trajan bewusst auf jegliches Zeremoniell verzichtete. Die Rede schließt mit einem Gebet für das Wohlergehen des Kaisers, wodurch ein Gebet für das Wohl des Staates sich erübrige; denn Trajan sei der Garant dafür.
Auch diese Rede gab Plinius nach einer Überarbeitung und nach der Rezitation vor seinen Freunden selbst heraus. Dieses Ereignis und auch die genannten Beweggründe der Publikation schildert er selbst in einem Brief:

- *... primum, ut imperatori nostro virtutes suae veris laudibus commendarentur, deinde, ut futuri principes non quasi a magistro, sed tamen sub exemplo praemonerentur, qua potissimum via possent ad eandem gloriam niti. Nam praecipere, qualis esse debeat princeps, pulchrum quidem, sed onerosum ac prope superbum est; laudare vero optimum principem ac per hoc posteris velut e specula lumen, quod sequantur, ostendere, idem utilitatis habet, arrogantiae nihil* (ep. 3,18,2f.).
  Übersetzung: ... erstens, damit unserem Kaiser seine eigenen Tugenden durch wahrheitsgemäße Lobesworte ans Herz gelegt würden, zweitens, damit zukünftige Herrscher nicht gleichsam von einem Lehrer, aber dennoch von einem Beispiel darüber unterrichtet würden, auf welchem Weg sie am ehesten zum selben Ruhm gelangen könnten. Denn vorzuschreiben, wie ein Herrscher sein muss, ist zwar schön, aber lästig und fast arrogant; aber den allerbesten Herrscher zu loben und dadurch der Nachwelt wie in einem Spiegel ein Licht zu zeigen, dem sie folgen kann, das hat ebenso viel Nutzen, aber nichts an Anmaßung.

3 Sprachliche Darstellung

Wie bereits ausgeführt, sind die Briefe des Plinius sehr kunstvoll und bewusst für die Veröffentlichung gestaltet. Entsprechend sorgfältig sind sie geschrieben. Plinius äußert in vielen Aspekten Bewunderung für Cicero, den er als Stilisten und Redner, als prominenten Vertreter des Genres „literarischer Brief", als Vertreter des Senats und als geistige Autorität bewundert und daher als sein Vorbild betrachtet. Folgerichtig pflegt Plinius einen eher nüchternen Schreibstil, der auf Prunk verzichtet. Stilmittel sind sparsam verwendet; ein flüssiger Duktus ist ihm wichtiger als überraschende Wendungen des Gedankens, wie wir sie etwa bei Seneca finden. Dieser geradlinige Stil entspricht den oft alltäglichen Themen der Briefe.

1 Ein Kunstbrief (ep. 3, 14)

Plinius und seine Freunde schrieben einander Briefe, um zu schreiben. Der Zweck des Schreibens war die Demonstration sprachlicher Gewandtheit und literarischer, philosophischer und anderweitiger Souveränität; die Möglichkeit der Veröffentlichung stand immer im Hintergrund. Der persönliche Aspekt ist daher oft zweitrangig. Das Interesse am Gegenüber, wie wir es in einer Korrespondenz empfinden und zeigen, vermissen wir in vielen Briefen. So haben die Plinius-Briefe den Charakter kurzer Abhandlungen oder Anekdoten. Persönliches zeigt sich am ehesten in der Schilderung eigener Überzeugungen, Prinzipien und Verfahrensweisen. Ein anschauliches Beispiel ist der Brief 3,14:

- *Gaius Plinius Acilio suo salutem*
  Rem atrocem nec tantum epistula dignam Larcius Macedo vir praetorius a servis suis passus est, superbus alioqui dominus et saevus, et qui servisse patrem suum parum, immo nimium meminisset.
  Übersetzung: Gaius Plinius grüßt seinen lieben Acilius. Eine grässliche und nicht gerade für einen Brief taugliche Gewalttat erlitt Larcius Macedo, ein ehemaliger Prätor, von seinen eigenen Sklaven, auch sonst ein hochmütiger und jähzorniger Herr, der sich zudem zu wenig, nein, vielmehr zu sehr daran erinnerte, dass sein Vater Sklave gewesen war.

  Erläuterung: Die übliche, für den heutigen Leser durch das Possessivpronomen herzlich und intim wirkende Grußformel eröffnet den Brief. Der erste Satz nimmt diesen Ton jedoch nicht auf, sondern konfrontiert den Adressaten mit dem schockierenden Wort *atrocem*. Eigentlich sollte man Derartiges nicht zum Thema eines Briefs an einen Freund machen; dennoch tut Plinius dies. Unvermittelt wird der Blick auf einen Vorfall gelenkt, der mit der Beziehung von Plinius und Acilius nicht das Geringste zu tun hat. Keine persönliche Mitteilung ist zu erwarten, sondern ein Bericht über eine Person, die dem Adressaten zudem nicht bekannt zu sein scheint, denn Plinius stellt ihn gesellschaftlich – er war Prätor gewesen, wobei noch sein Vater Sklave gewesen war – und menschlich vor: Er war ein grausamer und ungnädiger Herr seiner Sklaven, wobei er es doch angesichts der Stellung seines Vaters besser hätte wissen müssen. Die **Antithese** *parum, immo nimium* klingt fast wie ein **Oxymoron**; sowohl das „zu wenig" als auch das „zu sehr" ergibt bei entsprechender Betrachtungsweise Sinn. Zu wenig, das hieße: Macedo hätte es eigentlich besser wissen müssen, wie man als Sklave fühlt, und mit seinen Sklaven menschlicher umgehen sollen; zu sehr, das könnte eine psychologische Überlegung enthalten, die Plinius nicht näher ausführt. Macedo könnte bemüht gewesen sein, durch seine Grausamkeit seine niedere Herkunft zu kompensieren. Bestimmt war Plinius als aufgeklärter und philosophisch gebildeter Römer mit Senecas Sklavenbrief (ep. 47) vertraut und teilte dessen Ansicht; dies lässt sich aus anderen Stellen folgern.

- *Lavabatur in villa Formiana. Repente eum servi circumsistunt. Alius fauces invadit, alius os verberat, alius pectus et ventrem atque etiam – foedum dictu – verenda contundit; et cum exanimem putarent, abiciunt in fervens pavimentum, ut experirentur, an viveret. Ille sive quia non sentiebat, sive quia se non sentire simulabat, immobilis et extentus fidem peractae mortis implevit. Tum demum quasi aestu solutus effertur; excipiunt servi fideliores, concubinae cum ululatu et clamore concurrunt. Ita et vocibus excitatus et recreatus loci frigore sublatis oculis agitatoque corpore vivere se – et iam tutum erat – confitetur.*

  Übersetzung: Er nahm gerade ein Bad in seiner Villa bei Formiae. Plötzlich umringen ihn seine Sklaven. Einer packt seine Kehle, ein anderer schlägt ihm ins Gesicht, ein anderer auf Brust und Bauch und drischt – abscheulich, das zu zu sagen – sogar auf seine Schamteile ein; und als sie glauben, er sei entseelt, werfen sie ihn auf den heißen Boden, um zu testen, ob er lebte. Er, sei es, weil er es nicht spürte, sei es, weil er so tat, als spürte er es nicht, vermittelte bewegungslos und hingestreckt das Vertrauen darauf, der Tod sei eingetreten. Dann erst wird er, vermeintlich durch die Hitze getötet, hinausgetragen; treuere Sklaven nehmen ihn in Empfang, Konkubinen laufen mit Geheul und Geschrei zusammen. So einerseits von den Stimmen geweckt, andererseits durch die Kühle des Ortes erfrischt, gab er durch das Aufschlagen der Augen und die Bewegung seines Körpers zu verstehen, dass er lebte, und nun war es auch gefahrlos.

Erläuterung: Es folgt die Einlösung der Ankündigung *rem atrocem*. Das Imperfekt *lavabatur* signalisiert die Hintergrundhandlung, die Situation, in der die folgende Handlung stattfindet. Plinius schildert den Angriff der Sklaven auf ihren Herrn im ***praesens historicum***, das grammatisch die Wertigkeit eines Vergangenheitstempus hat. Man erkennt dies am Konjunktiv II (Konjunktiv Imperfekt) der Nebensätze. Die Hektik des Geschehens äußert sich in betont **parataktischem** Stil. Es folgt buchstäblich Schlag auf Schlag. Das **Motiv** der Sklaven wird nicht eigens genannt; es versteht sich von selbst nach der Charakterisierung des Macedo im ersten Satz. Sie sind verzweifelt, wissen keinen Ausweg mehr; es ist ihnen klar, dass ihnen ein grausamer Tod am Kreuz droht, wenn ihr Vergehen aufgedeckt wird. Dass sie den Angriff dennoch wagen, spricht für ihre Verzweiflung. Dies wirft einen weiteren Schatten auf Larcius Macedo.
Das Verhalten der Angreifer wie auch das des Opfers verraten Berechnung: Die Sklaven testen, ob Macedo noch lebt, indem sie ihn auf den glühend heißen Hypokaust-Boden werfen, den man eigentlich nur mit hohen, hölzernen Sandalen betreten kann, und Macedo – diese Möglichkeit zieht Plinius bewusst in Erwägung – unterdrückt die Qualen, die er so leiden muss, und schafft es, sich tot zu stellen. Der Begriff *fides*, der eigentlich ein juristischer Wert von hohem gesellschaftlichem und moralischem Status ist, erscheint hier bewusst deplatziert. Beide, die Sklaven wie auch der angegriffene Macedo, sind weder vom gesellschaftlichen Rang her noch von ihrem moralischen Verhältnis zueinander durch ein Vertrauensverhältnis irgendeiner Art verbunden. Das Misstrauen und die Grausamkeit sind beiderseitig. Erst jetzt schaffen die Täter ihr Opfer aus dem Bad, wo andere Sklaven ihn übernehmen – der Wortstamm *fides* wird in dem sehr relativierenden Komparativ *fideliores* wieder aufgenommen; vertrauenswürdiger sind sie nur insofern, als sie ihren Herrn nicht tätlich angegriffen und somit den Verhaltenskodex respektiert haben. Plinius lässt offen, ob sie Mitwisser waren. Von Wiederbelebungsmaßnahmen ist keine Rede. Es ist die Kühle außerhalb des Bades und das hysterische Geschrei von Macedos Bettgespielinnen, was ihn aufweckt. Hier ist es auch nicht mehr so einfach möglich, ihn totzuschlagen.

- *Diffugiunt servi; quorum magna pars comprehensa est, ceteri requiruntur. Ipse paucis diebus aegre focilatus non sine ultionis solacio decessit ita vivus vindicatus, ut occisi solent.*

Übersetzung: Die Sklaven fliehen in alle Richtungen; die Mehrheit von ihnen ist gefasst worden, der Rest wird gesucht. Er selbst verschied nach wenigen Tagen, nachdem man ihn noch mit Mühe wiederbelebt hatte, nicht ohne den Trost durch die Rache, und erhielt so noch lebend die Sühne, wie man es sonst bei Ermordeten tut.

Erläuterung: Das Gesetz wird nun vollstreckt. Details der Bestrafungsaktion erwähnt Plinius nicht; jeder wusste, was mit den Sklaven geschah. Stattdessen geht Plinius auf Macedo ein, der dieses Attentat zwar nicht überlebte, jedoch von der Hinrichtung seiner Sklaven noch erfuhr, eine Genugtuung, die ein Mordopfer sonst nicht empfinden kann. Bewusst verwendet Plinius für die Bestrafung die Vokabel *ultio*; selbst in seinem schlimmen Zustand empfindet Macedo darüber Befriedigung (*solacio*). – Der Leser wartet auf ein Signal, auf einen Hinweis, wie Plinius sich zu diesen Vorgängen stellt. Die Charakterisierung des Macedo macht diesen zutiefst unsympathisch, lässt ihn vielleicht sogar dumm dastehen, da er letztlich selbst an seinem Tod ein gut Teil Schuld hat. Andererseits wird er als Opfer dargestellt und Plinius enthält sich jeder Andeutung, dass er das Schicksal der *familia* des Macedo bedauern könnte. Der Begriff *vindicatus* kann als einziger in juristischem Sinne verstanden werden und drückt so aus, dass alles so verlaufen ist, wie es sein sollte.

- *Vides, quot periculis, quot contumeliis, quot ludibriis simus obnoxii; nec est, quod quisquam possit esse securus, quia sit remissus et mitis. Non enim iudicio domini, sed scelere perimuntur.*

Übersetzung: Du siehst, von wie vielen Gefahren, von wie vielen Beleidigungen, von wie vielen Verspottungen wir bedroht werden; und es gibt keinen Grund, weshalb jemand sorglos sein könnte, weil er nett und sanftmütig ist. Nicht aufgrund einer Verurteilung nämlich sterben Herren, sondern aufgrund eines Verbrechens.

Erläuterung: Zum ersten Mal nimmt Plinius seinen Briefpartner in der 2. Person zur Kenntnis: *vides*. Es geht ihm aber nicht um dessen Person, sondern um die Erkenntnis einer Lebenswahrheit. Jetzt wird sichtbar, dass Plinius kein Urteil über das Ereignis fällt. Er identifiziert sich und seinen Adressaten mit dem Getöteten, aber nicht aus moralischen Gründen, sondern aus institutionellen. Plinius und Acilius sind ebenfalls *domini*. Das System Herr – Sklave birgt das Risiko, zum Opfer eines Verbrechens zu werden. Die Art des Verbrechens wird in einem **asyndetischen Trikolon** von graduell abnehmenden Bedrohungen **(Antiklimax)** dargestellt (*periculis … contumeliis … ludibriis*), in ihrer Vielzahl betont durch die **Anapher** von *quot*. Bewusst klammert er die Interpretation aus, dass Macedos Grausamkeiten gegenüber seinen Sklaven dumm oder ethisch verurteilenswert gewesen wären. Die Möglichkeit, von den eigenen Sklaven umgebracht zu werden, liegt in der Institution der Sklaverei begründet, nicht im Verhalten des Herrn gegenüber den Sklaven, das so freundlich und menschlich sein mag, wie es wolle. Jegliches Durchbrechen dieser Hierarchie ist *scelus*. *Iudicium* steht den Sklaven nicht zu. Plinius bekennt sich kritiklos zur Institution Sklaverei, wie es vor ihm auch Seneca (ep. 47) getan hat.

- *Verum haec hactenus. Quid praeterea novi? Quid? Nihil, alioqui subiungerem; nam et charta adhuc superest, et dies feriatus patitur plura contexi.*

  Übersetzung: Aber so viel hierzu. Was gibt es sonst Neues? Was schon? Nichts, sonst würde ich es anfügen; denn es ist noch Papier übrig und mein freier Tag lässt zu, dass noch mehr zusammengesponnen wird.

  Erläuterung: Plinius fällt jetzt aus dem berichtenden und sinnierenden Duktus und simuliert eine Nachfrage seines Gegenübers, dies aber nur, um mangelndes Mitteilungsbedürfnis vorzugeben. Wenn er weiterschreibt, dann nur, weil das Papier noch nicht voll ist und er nichts Besseres zu tun hat. Der Stil wechselt somit zum zweiten Mal: Nach der Reportage und der zeitkritischen Betrachtung folgt jetzt eine scheinbar kolloquiale, salopp geringschätzige Bemerkung über sein Briefeschreiben. Es entsteht auf diese Weise eine seltsame Spannung zwischen der anscheinend so dringenden Notwendigkeit, Acilius über das Schicksal des Macedo zu unterrichten, und dem Achselzucken, mit dem er seinen Brief zu Ende bringt.

- *Addam, quod opportune de eodem Macedone succurrit. Cum in publico Romae lavaretur, notabilis atque etiam, ut exitus docuit, ominosa res accidit. Eques Romanus a servo eius, ut transitum daret, manu leviter admonitus convertit se nec servum, a quo erat tactus, sed ipsum Macedonem tam graviter palma percussit, ut paene concideret. Ita balineum illi quasi per gradus quosdam primum contumeliae locus, deinde exitii fuit. Vale.*

  Übersetzung: Ich will anfügen, was mir passenderweise zu demselben Macedo noch einfällt. Als er in Rom in einem öffentlichen Bad war, passierte eine bemerkenswerte und auch, wie sein Ende zeigt, auf sein Schicksal vorausweisende Sache. Ein römischer Ritter **(eques)**, der von dessen Sklaven mit der Hand sanft aufgefordert worden war, ihn vorbeizulassen, drehte sich um und schlug nicht den Sklaven, von dem er berührt worden war, sondern Macedo selbst so heftig mit der Handfläche, dass er fast hingestürzt wäre. So wurde ihm das Bad in einer ansteigenden Folge zuerst zum Ort der Beleidigung, dann des Todes. Lebe wohl.

Erläuterung: Plinius fingiert eine Assoziation: Ach ja, Macedo, da war doch schon mal was. Dass dieses zweite, chronologisch aber erste Ereignis, das er nun noch anfügt, durch die Erzählung von Macedos Tod erst seine tiefe Bedeutung bekommt, dass die eine Episode ohne die andere viel von ihrem Reiz verliert, die zusammenhängenden Reportagen also wohlüberlegt zusammen übermittelt werden, wird durch diese vorgebliche Gleichgültigkeit künstlich überspielt. Macedo hat schon einmal in einem Bad einen tätlichen Angriff erlitten, damals schuldlos, denn sein Sklave war der Auslöser gewesen; der Angreifer war ein ihm völlig unbekannter freier Römer im Rang eines ***eques***, also gesellschaftlich über ihm stehend. So beiläufig, wie Plinius dieses frühere Ereignis anhängt, so unscheinbar ist auch die **Parallelisierung**. Das einzige Verbindende ist die Tatsache, dass Macedo in beiden Fällen in einem Bad das Opfer von Gewalt wurde. Deshalb ist der frühere Vorgang auch *ominosa*. Er bekommt seine Schicksalhaftigkeit erst durch die Art von Macedos Tod, ohne dass Plinius diese Verbindung genauer erklären würde.

Ohne irgendwie auf seinen Briefpartner einzugehen oder in einer anderen Weise persönlich zu werden, beendet Plinius den Brief mit dem Abschiedsgruß. Insofern ist dieser Brief ein anschauliches Beispiel für die Art von Kunstbriefen, wie sie im plinianischen Briefkorpus dominieren: Der Brief bietet den formalen Hintergrund, der Inhalt ist einem einzigen Gegenstand gewidmet und braucht die Briefform, um einen Anlass zum Niederschreiben zu haben. Die beiden Ereignisse um Macedo sind bedeutungsschwere Anekdoten, haben aber nichts mit dem Schreiber und dem Adressaten des Briefes zu tun. Plinius geht es um das bloße Schreiben.

2 Der Statthalter und sein Kaiser – das 10. Buch der *Epistulae*

Eine Sonderstellung nehmen die Briefe des 10. Buches ein, deren Veröffentlichung nicht durch Plinius selbst erfolgt ist. In ihnen wird ein wirklicher Dialog sichtbar, da die Briefe des Plinius und die des Kaisers aufeinander Bezug nehmen. Die Publikation ist nicht der Zweck, ebenso wenig die literarische Selbstdarstellung. So sind diese Briefe sehr sachorientiert, schmucklos und sprechen nur das Nötige an. Einen persönlichen Charakter haben sie allenfalls, wenn Trajan sein Wohlwollen gegenüber dem loyalen und gewissenhaften Statthalter zum Ausdruck

bringt. Der große Rangunterschied bestimmt diesen Dialog, ganz anders als in den neun vorigen Büchern, in welchen Plinius an Gleichgestellte schreibt.
Ein weiterer wesentlicher Unterschied ist die Beschränkung auf den Sachbereich der Provinzialverwaltung. Plinius und der Kaiser unterhalten sich nicht geistreich über alle denkbaren Themen, wie sie römische Oberschichtangehörige interessant finden, sondern über technische Fragen der Administration. Ein Beispiel für diesen Dialog soll dies zeigen:

- *Gaius Plinius Traiano imperatori*
  Diplomata, domine, quorum dies praeterit, an omnino observari et quam diu velis, rogo scribas meque haesitatione liberes. Vereor enim, ne in alterutram partem ignorantia lapsus aut illicita confirmem aut necessaria impediam (ep. 10,45).
  Übersetzung: Gaius Plinius an Kaiser Trajan. Ob die Passierscheine, Herr, deren Gültigkeit abgelaufen ist, überhaupt beachtet werden sollen und wie lange du das willst, das schreibe mir bitte und befreie mich von meiner Ungewissheit. Ich fürchte nämlich, dass ich aus Unkenntnis in beiden Richtungen Fehler mache und nicht Legitimiertes fördere oder aber Notwendiges behindere.

  Erläuterung: Plinius stellt Trajan diese Frage, weil die Passierscheine vom Kaiserpalast selbst ausgestellt und als Blankoformulare den Provinzstatthaltern zur Verfügung gestellt wurden. Das entscheidende Wort, in einem modernen Begriff den „Betreff", stellt er als erstes Wort an den Anfang des Briefes: *diplomata.* Gesandte, die in offizieller Mission im Reich unterwegs waren, also Diplomaten, belegten damit ihre Legitimation. Da die kaiserliche Kanzlei sie unterzeichnet hatte, wagt Plinius nicht, sie eigenmächtig für ungültig zu erklären, auch wenn ihre Gültigkeitsdauer abgelaufen ist. Daher plagen ihn die Bedenken; denn einen Offiziellen aufzuhalten, nur weil das Datum des Passformulars überschritten war, hätte ein schwerer Fehler sein können. – Der Brief ist sachlich, gilt nur dem eigentlichen Anlass, drückt aber die Bedenken und die Ehrfurcht des Schreibers und seine unbedingte Bereitschaft zum Gehorsam aus. Plinius zeigt, dass ihm das Wort Trajans alles gilt und dass er alles richtig machen will. Auch die beiden möglichen Konsequenzen des Fehlers, den er begehen könnte *(in alterutram partem ignorantia lapsus)*, indem er abgelaufene Pässe noch anerkennt oder aber ablehnt, hat er durchdacht. Er behelligt den Kaiser nicht mit jeder bedeutungslosen Frage, sondern tut das erst dann, wenn er mit seinen Mitteln wirklich nicht mehr entscheiden kann.

Trajan antwortet:

- *Traianus Plinio*
  Diplomata, quorum praeteritus est dies, non debent esse in usu. Ideo inter prima iniungo mihi, ut per omnes provincias ante mittam nova diplomata, quam desiderari possint (ep. 10,46).
  Übersetzung: Trajan an Plinius. Passierscheine, deren Frist abgelaufen ist, dürfen nicht verwendet werden. Daher nehme ich mir unter den wichtigsten Dingen vor, überall in alle Provinzen neue Passierscheine zu schicken, bevor sie ausgehen können.

  Erläuterung: Die Antwort des Kaisers ist ebenso sachlich wie die Frage des Beamten. Sie enthält keine persönlichen Formeln. Der Betreff ist wieder durch die Wortstellung deutlich signalisiert. Die Anweisung ist klar und unmissverständlich. Trajan kündigt an, dass er dem Auftreten von Problemen durch die rechtzeitige Zustellung von Passformularen vorbeugen wird.

4 Zeitleiste

Römische Geschichte		Plinius: Leben und Werk	
54 n. Chr	Regierungsantritt des Kaisers Nero		
		61/62 n. Chr.	Geburt (genaues Datum unbekannt)
68	Tod des Kaisers Nero; Dreikaiserjahr (Galba, Otho, Vitellius)		
69	Regierungsantritt des Kaisers Vespasian; Beginn der Ära der Flavierkaiser		
79	Tod des Kaisers Vespasian; Nachfolger: Titus 24. August: Ausbruch des Vesuv, Tod des älteren Plinius	79	Plinius in Misenum
81	Tod des Kaisers Titus; Nachfolger: Domitian		
		87	Quästor
		91/92	Prätor
96	Tod des Kaisers Domitian; Nachfolger: Nerva (Beginn der Ära der Adoptivkaiser)	96	Beginn der Publikation der Briefe (bis ca. 108 n. Chr.)
98	Tod des Kaisers Nerva; Nachfolger: Trajan		
		100	*consul suffectus*; *Panegyricus* (Preisrede auf Kaiser Trajan)
		110	*legatus pro praetore Augusti consulari potestate* – Statthalter in Bithynien; Briefwechsel mit Kaiser Trajan (Buch 10 des Briefkorpus)
		ca. 113 n. Chr.	Tod des Plinius in Bithynien (genaues Datum unbekannt)
117 n. Chr.	Tod des Kaisers Trajan; Nachfolger: Hadrian		

Tacitus

1 Biografie

Das Leben des Tacitus ist nur in Grundzügen bekannt. Geboren wurde er in der Zeit Neros (54–68 n. Chr.), vermutlich etwa in der Mitte dieser Epoche. Er stand der Senatsschicht nahe. Sein Werk lässt umfangreiche Literatur- und Rhetorikstudien vermuten. Er heiratete die Tochter des Konsuls Gnaeus Iulius Agricola. Unter den Flavierkaisern Vespasian, Titus und Domitian absolvierte Tacitus eine erfolgreiche Karriere in den Senatsämtern bis zur Prätur und zu einer Statthalterschaft. Unter Nerva wurde er *consul suffectus* (97). In der Zeit des Kaisers Trajan verwaltete er nochmals als Prokonsul eine Provinz. Wann er starb, ist nicht belegt.

2 Werke

Von Tacitus sind uns ein rhetorisches (*Dialogus de oratoribus*) und vor allem historische Werke überliefert.

- In seiner Schrift ***De vita et moribus Iulii Agricolae*** (ca. 98 n. Chr.) beschreibt Tacitus das Leben seines Schwiegervaters, der unter Kaiser Domitian als Statthalter die Provinz Britannia erheblich vergrößerte. Agricola wird als umsichtiger, prinzipientreuer Feldherr und Verwalter dargestellt, dem es gelingt, dem Neid des Tyrannen auszuweichen. Schließlich fiel er in Ungnade und starb außerhalb Roms, nachdem er jeden Einfluss verloren hatte. Die Tatsache, dass es Agricola gelang, unter Domitian eine solche Karriere zu machen, spricht dafür, dass er zumindest in seinem Verhalten jegliche Opposition unterließ. So betrachtet, kann man bei Tacitus in der Darstellung des Agricola den Versuch vermuten, seinen Schwiegervater gegen den Vorwurf der Kollaboration zu verteidigen.
- In der ***Germania*** (***De origine et situ Germanorum***, ca. 98 n. Chr.) legt Tacitus das Wissen nieder, das seine Zeit über das Leben der Germanen jenseits der Reichsgrenzen besaß. Dieses stammt zu großen Teilen aus Berichten von Händlern und Soldaten, welche Kontakt mit Germanen gehabt hatten. Tacitus nutzt die Gelegenheit, seinen römischen Zeitgenossen, deren moralische Verfehlungen er in seinen

Werken immer wieder anprangert, das Gegenbild des „edlen Wilden“ vor Augen zu halten. Dies ist jedoch nicht der Hauptzweck der Schrift; ebenso wichtig ist ihm die Darstellung eines wehrhaften und potenziell gefährlichen Gegners des Römischen Reiches.

- Der ***Dialogus de oratoribus*** (nach 102 n. Chr.) kontrastiert in ciceronianischer Weise die Rhetorikerziehung zur Zeit des Tacitus mit der klassischen. Dabei wird deutlich, dass der moralische Verfall und damit der Verlust einer werteorientierten Erziehung und Bildung für die Jugend der Redekunst ihre Qualität und ihre Bedeutung genommen hat.
- Die ***Historien (Historiae)*** schildern in **annalistischer** Weise die Zeit vom Tod Neros (68 n. Chr.) bis zum Ende Domitians (96 n. Chr.). Das Werk von 14 Büchern ist nur als Fragment erhalten. Ob Tacitus vorhatte, auch über Nerva und seinen von diesem adoptierten Nachfolger zu schreiben, ist unklar; jedenfalls wandte er sich nach Vollendung der *Historien* (ca. 109 n. Chr.) zunächst der ersten Phase des Prinzipats zu.
- Die ***Annalen*** (***Ab excessu divi Augusti***, Datum der Publikation nicht exakt bestimmbar) schildern die Zeit des julisch-claudischen Kaiserhauses vom Tod des Augustus (14 n. Chr.) bis zum Tod Neros (68 n. Chr.). Das Werk ist in weiten Teilen erhalten, obwohl einzelne Bücher verloren oder nur stark fragmentiert überliefert sind. Tacitus schildert den Prinzipat als Regierungsform, welche voller Fehler und Sittenverfall ist; allerdings ist er nicht zu ersetzen, da die von ihm idealisierte römische Republik mit ihren Akteuren und ihren Werten unwiederbringlich untergegangen ist.

3 Sprachliche Darstellung

1 Gesinnung und Geschichtsschreibung (*Annalen*, Proömium)

Tacitus eröffnet sein großes Geschichtswerk mit einer **komprimierten** Darstellung der gesamten römischen Geschichte, beginnend bei der Königszeit. Er geht dabei nicht auf historische Ereignisse ein, nennt nur Namen und Zustände des Staates. Im Brennpunkt steht die Innenpolitik, die Entwicklung der Staatsform von der Monarchie über die Republik hin zur Monarchie des Augustus.

- *Urbem Romam a principio reges habuere; libertatem et consulatum L. Brutus instituit. Dictaturae ad tempus sumebantur; neque decemviralis potestas ultra biennium, neque tribunorum militum consulare ius diu valuit. Non Cinnae, non Sullae longa dominatio; et Pompei Crassique potentia cito in Caesarem, Lepidi atque Antonii arma in Augustum cessere, qui cuncta discordiis civilibus fessa nomine principis sub imperium accepit* (ann. 1,1).

  Übersetzung: Die Stadt Rom beherrschten von Beginn an Könige; den freien Staat und das Konsulat richtete Lucius Brutus ein. Zu Diktaturen wurde für kurze Zeiten gegriffen; weder hatte die Macht der Decemvirn mehr als zwei Jahre noch die konsularische Amtsvollmacht der Militärtribunen lange Bestand. Nicht die Tyrannis des Cinna, auch nicht die des Sulla dauerte lange; und die Vormacht des Pompeius und des Crassus gingen rasch auf Caesar, die Waffengewalt des Lepidus und des Antonius auf Augustus über, der alles, da es von den Bürgerkriegen erschöpft war, mit dem Titel „Princeps" unter seinen Oberbefehl nahm.

  Erläuterung: Mit Lucius Iunius Brutus nimmt die Staatsform ihren Anfang, die in den Augen des Tacitus die beste ist: die ***res publica libera***. Tacitus nennt sie **metonymisch** *libertas*. Diese ruhmreiche Zeit wurde nur durch kurze diktatorische Phasen unterbrochen *(ad tempus)*. Der Gegensatz zu *libertas* ist *dominatio,* das lateinische Äquivalent zum griechischen Wort *tyrannis.* Das erste vorchristliche Jahrhundert nimmt den weitesten Raum ein: Die Diktaturen und die Personen, welche die Alleinherrschaft anstrebten, häuften sich in dieser kurzen Epoche der Bürgerkriege, welche in den Begriffen *arma* und *discordiis civilibus* erscheinen. Augustus konnte den gesamten Staat *(cuncta)* einfach übernehmen, da alles – ein sehr offener Begriff, der die Schichten, die Institutionen, die Militärmacht, aber auch das Bewusstsein der Menschen umfasst – vom Bürgerkrieg erschöpft *(fessa)* ist. Hierfür nahm er den Titel des Princeps an, des ersten Mannes im Senat, der seine Macht nicht einem Amt – wie etwa Caesar, der das Amt des *dictator* umfunktionierte, indem er es auf Lebenszeit ausdehnte –, sondern juristisch einer geschickten Kombination von Rechten und Ämtern, machtpolitisch seinen Legionen verdankte. So bereitet Tacitus den Boden für die folgenden Ereignisse. Der Prinzipat ist für ihn das Resultat der Zerstörung der *libertas* durch innere Kriege; mächtige Männer haben sich gegenseitig die Macht abgejagt, Augustus konnte die Ernte einfahren. Tacitus schreibt aus tiefer Resignation heraus; die Machtverhältnisse sind zementiert, die Freiheit verloren. – Die sprachliche Darstellung des Tacitus ist sehr prägnant. Ihre dominanten Merkmale sind die Kürze und **Komprimierung** der Ausdrucksweise ***(brevitas)*** und das ständige Vermeiden der Gleichartigkeit von Formulierungen, also der gesuchte Wechsel der **Wortwahl**, der Konstruktion, des Vokabulars ***(variatio)***. Zudem begegnen immer wieder besondere und ungewöhnliche Wortverwendungen. Diese Eigenheiten machen seine Texte für die Übersetzung schwierig, da ständig das Unerwartete, das Ungewöhnliche folgt. Im vorliegenden Beginn der *Annalen* lässt sich das demonstrieren: Oft wählt Tacitus die Nebenform der 3. Person Plural Perfekt auf *-ēre* statt auf *-ērunt (habuēre, cessēre)*. Das Adjektiv wird in einer sprachlichen Form der **Metonymie** statt des Genitivs eines Substantivs gewählt (*decemviralis potestas* statt *decemvirorum potestas*), im anschließenden Satz wird dies gleich **variiert** und der Genitiv verwendet *(tribunorum militum consulare ius)*. Kurz darauf verzichtet Tacitus dann auf diese ***variatio*** und konstruiert **parallel** *(Pompei Crassique potentia …, Lepidi atque Antonii arma …)*; der **Parallelismus** wird also seinerseits im Sinne der ***variatio*** eingesetzt, um der Lesererwartung fortgesetzten Strukturwechsels zu entsprechen. Innerhalb dieser Wendung wird jedoch auch wieder **variiert:** die Konjunktion (*-que* und *atque*). Eine weitere ***variatio*** findet man in *potentia* und *arma*, die inhaltlich dasselbe bezeichnen **(Synonymie)**. Zudem liegt in *arma* eine **Metonymie**, ein Wechsel der Kategorie: Die Waffen stehen für die Macht des Lepidus und des Antonius, die auf Augustus überging. Eine andere Art der **Metonymie** ist die Verwendung des Abstraktums statt eines konkreten Begriffs (*cuncta* steht für den Staat, die Macht etc.). Im Dienst der ***brevitas*** steht das Participium coniunctum *(fessa)*, das sehr oft auftritt. Häufig ist die **Ellipse** *(non Cinnae, non Sullae longa dominatio)*, ebenfalls eine Erscheinungsart der ***brevitas***. In diesem Satz findet man eine **Anapher** von *non*, welche eine **parallele** Konstruktion der aufeinanderfolgenden Teile erzeugt. Auffällige Formulierungen sind *dictaturae ad tempus sumebantur, discordiis civilibus* und *sub imperium accepit*.

Die Einleitung der *Annalen* wird durch eine Reflexion der Geschichtsschreibung fortgesetzt:

- *Sed veteris populi Romani prospera vel adversa claris scriptoribus memorata sunt; temporibusque Augusti dicendis non defuere decora ingenia, donec gliscente adulatione deterrerentur. Tiberii Gaique et Claudii ac Neronis res florentibus ipsis ob metum falsae, postquam occiderant, recentibus odiis compositae sunt. Inde consilium mihi pauca de Augusto et extrema tradere, mox Tiberii principatum et cetera, sine ira et studio, quorum causas procul habeo* (ann. 1,1).

Übersetzung: Aber die guten und die widrigen Phasen des alten römischen Volkes sind von berühmten Schriftstellern festgehalten worden; auch den Zeiten des Augustus fehlten zur Schilderung nicht die leuchtenden Genies, bis sie von der überhandnehmenden Schmeichelei abgestoßen wurden. Die Taten des Tiberius, Gaius [= Caligula], Claudius und Nero sind, solange diese in voller Blüte standen, aus Furcht falsch, nachdem sie gestorben waren, von frischen Hassgefühlen zusammengestellt worden. Daher habe ich die Absicht, wenige Worte über Augustus und seinen Tod zu überliefern, dann bald über die Herrschaft des Tiberius und das Übrige, ohne Hass und Vorliebe, wofür mir die Motive fern sind.

Erläuterung: Parallel zu den historischen Ereignissen entwickelte sich die Geschichtsschreibung. Entsprechend der sinkenden moralischen Qualität der Staatszustände verlor die Geschichtsschreibung, so Tacitus, an Niveau und Aufrichtigkeit. Der Aufstieg Roms unter den Königen und später als freier Staat zur Großmacht wurde von *claris scriptoribus* niedergeschrieben. Diese großen Genies *(decora ingenia)* gab es sogar noch in der ersten Zeit des Augustus, bis sie angesichts der am Hof sich ausbreitenden Speichelleckerei *(gliscente adulatione)* resignierten. Der Begriff ***adulatio*** zieht sich durch die ganzen *Annalen* als die abstoßende Grundhaltung, mit der vor allem der Senat, der in den guten Zeiten durch seine unbedingte Zuverlässigkeit und Prinzipientreue Roms Größe verkörpert hatte, jegliches Rückgrat verlor, aus Angst oder um Vorteile zu ergattern. Spätestens seit Tiberius sind die Historiker für Tacitus keine zuverlässigen Quellen mehr. Zu Lebzeiten der Kaiser schrieben sie schmeichlerisch, weil sie Verfolgung fürchteten; nach dem Tod eines Kaisers ließen sie kein gutes Haar an diesem, um sich für die tatsächliche oder vermeintliche Zensur zu rächen. Aus dieser Beobachtung heraus rührt das **Motiv** des Tacitus, seinerseits die Chronik der Kaiserzeit zu schreiben, um den unzuverlässigen, parteiischen Darstellungen seiner Vorgänger eine neutrale, wahrheitsgetreue entgegenzusetzen, *sine ira et studio,* da er selbst von den Ereignissen in keiner Weise persönlich betroffen war. Diese Formulierung gehört zum Standard antiker Geschichtswerke.

Diese kurze Textpassage vom Anfang der *Annalen* illustriert die grundsätzliche Sichtweise des Tacitus. Er schreibt über einen monarchischen Staat, den er nicht völlig gutheißen kann, der aber nicht ersetzbar ist und schon gar nicht abgeschafft werden kann. Im Hintergrund steht für ihn immer, fern und und unwiederbringlich verloren, die freie ***res publica***, in der große Gestalten, getragen von ***virtutes***, Rom zu seiner Höhe geführt haben. Der Senat ist zu seinen Lebzeiten ein opportunistisches Organ von ehrgeizigen und prinzipienlosen Karrieristen, die im Umgang mit dem Princeps nur ihren finanziellen oder gesellschaftlichen Vorteil oder aber ihr nacktes Überleben im Auge haben. Vor dieser **Folie** lässt Tacitus immer wieder exponierte Lichtgestalten agieren, in denen sich die alte Moral zeigt, die aber scheitern. Prominente Beispiele sind aus dem Kaiserhaus Germanicus, aus dem Senat etwa Thrasea Paetus. In Personen wie Seneca verkörpert sich der unlösbare Konflikt, der aus der Notwendigkeit entsteht, die Ereignisse in einer Welt voller Unmoral zum Besseren zu lenken; reine Prinzipien sind hier nicht überlebensfähig; man muss vielmehr schmutzige Kompromisse eingehen. Selbst der **stoische** Philosoph muss etwa dulden, dass Nero eine Geliebte hat und seine eigene Mutter umbringen lässt; andernfalls würde Seneca jede Möglichkeit verlieren, hier und da noch Gutes zu bewirken.

- *Postquam Bruto et Cassio caesis nulla iam publica arma, Pompeius apud Siciliam oppressus exutoque Lepido, interfecto Antonio ne Iulianis quidem partibus nisi Caesar dux reliquus, posito triumviri nomine consulem se ferens et ad tuendam plebem tribunicio iure contentum, ubi militem donis, populum annona, cunctos dulcedine otii pellexit, insurgere paulatim, munia senatus magistratuum legum in se trahere, nullo adversante, cum ferocissimi per acies aut proscriptione cecidissent, ceteri nobilium, quanto quis servitio promptior, opibus et honoribus extollerentur ac novis ex rebus aucti tuta et praesentia quam vetera et periculosa mallent. Neque provinciae illum rerum statum abnuebant, suspecto senatus populique imperio ob certamina potentium et avaritiam magistratuum, invalido legum auxilio, quae vi, ambitu, postremo pecunia turbabantur* (ann. 1,2).
  Übersetzung: Nachdem durch den Tod von Brutus und Cassius kein staatliches Heer mehr existierte, (Sextus) Pompeius bei Sizilien besiegt, Lepidus entmachtet und nach dem Tod des Antonius nicht einmal von der Caesar-Partei ein Anführer mehr übrig war außer Caesar [= Oktavian], als der den Titel des Triumvirn abgelegt hatte, als Konsul amtierte und sich mit dem Amt des Volkstribunen zufriedengab, sobald er den Soldaten mit Geschenken, das Volk mit Getreidegeschenken, alle durch die Süße des Friedens verlockt hatte, erhob er sich allmählich, zog die Befugnisse des Senats, der Magistrate, der Gesetze an sich, ohne dass jemand dagegen Widerstand leistete, da die Mutigsten in Schlachten oder durch die **Proskription** umgekommen waren und die Übrigen von den *nobiles*, je nachdem, wie bereitwillig man zum Dienen war, durch materielle Güter und Ehren erhöht wurden und – groß geworden durch die neuen Verhältnisse – die sichere Gegenwart der Gefahr der Vergangenheit vorzogen. Auch die

Provinzen waren diesem Stand der Dinge nicht abgeneigt, da sie misstrauisch gegen die Herrschaft des Senats und des Volkes waren wegen der Kriege der Mächtigen und der Raffgier der Beamten, wegen der machtlosen Hilfe durch die Gesetze, welche durch Gewalt, durch Amtserschleichung, schließlich durch Geld aus der Ordnung geraten waren.

Erläuterung: Der Aufstieg des jungen Caesar, des nachmaligen Augustus, und die systematisch betriebene Konsolidierung seiner Machtposition werden in einer überraschend langen Periode dargestellt. Die sonstige ***brevitas*** des Tacitus ermöglicht eine besondere Wirkung einer solchen unterbrechungslosen Konstruktion. Die Karriere des Augustus zum unangefochtenen Monarchen gewinnt in dieser Darstellung den Charakter des Absichtsvollen, der Zielgerichtetheit und der unausweichlichen Logik. Augustus hat nicht von Situation zu Situation agiert und reagiert, sondern er verdankt seine Position einer kontinuierlichen und in weiten Teilen – das suggeriert die sprachliche Form des Satzes – bewusst gesteuerten Entwicklung. Dabei werden die Faktoren zum Teil von seiner Umgebung verursacht: Die letzen Verfechter der senatorischen Autorität, Cassius und Brutus, kommen ums Leben, Sextus Pompeius, der große Widersacher des 2. **Triumvirats**, unterliegt, das **Triumvirat** selbst geht durch die Entmachtung des Lepidus und durch den Tod des Antonius unter; und das Resultat ist das Überleben Oktavians. Nun aber, nach dem Ausfall aller Widersacher, wird dieser Caesar selbst aktiv, breitet seine Macht aus, indem er Befugnisse an sich reißt, was ihm deshalb nicht schwerfällt, weil, wie vorher dargestellt, jegliche Opposition ausgefallen ist; vielmehr fangen die Senatoren an, sich mit den neuen Machtverhältnissen zu arrangieren. Das ist schon der Senat, den Tacitus in seinem Werk als entartet brandmarkt: auf seinen Vorteil oder auf sein nacktes Überleben fixiert. Dieses Arrangement mit der neuen Realität setzt sich auch außerhalb des politischen Zentrums Rom fort. Die Provinzen sind von den Schäden sowie Verlusten der Kriegszeiten erschöpft und der neue Princeps überwacht die Magistrate, sodass ein neuer Verres nicht zu erwarten ist. An dieser Freude über die neue Sicherheit ist die Senatsschicht, aus deren Mitte solche raffgierigen Statthalter gekommen waren, selbst schuld, eine weitere Spitze des Tacitus gegen das Versagen des einstmals staatstragenden politischen Organs. Auffällig ist, dass Tacitus für die Ruhe nach dem Ende aller Bürgerkriege bewusst das Wort *pax* vermeidet, das in der Ideologie des Augustus als *pax Augusta* eine so große Rolle spielte und in der *Ara Pacis* eine so prominente architektonisch-künstlerische Darstellung erfuhr. Tacitus nennt den Zustand *otium*, *tuta et praesentia* oder ganz neutral *illum rerum statum*. Das ist kein wirklicher Frieden; es ist Erschöpfung, Passivität, Erleichterung über das Ende der Härten, eine bewusste Umstrickung der Sinne durch Augustus: Er setzt materielle Vorteile *(donis)*, existenzielle Sicherheit *(annona)* und die Süße der plötzlichen Ruhe *(dulcedine otii pellexit)* bewusst ein, um alle Teile des Volkes zu verführen. – Die lange Periode enthält sehr wenige sichtbare finite Prädikate. Sie ist kunstvoll um den Hauptsatz *insurgere paulatim, munia senatus magistratuum legum in se trahere* herummodelliert und wird durch diesen in zwei chronologische Einheiten aufgeteilt, die Zeit vor dem Gewinn der Alleinherrschaft und die danach. Der Hauptsatz besitzt seinerseits kein finites Prädikat, sondern zwei historische Infinitive. Augustus sitzt gewissermaßen inmitten seiner Zeitumstände und profitiert von ihnen, wobei sein eigenes Handeln minimal ist und eher das Gegenteil von Machtstreben nahelegt: *posito triumviri nomine consulem se ferens et ad tuendam plebem tribunicio iure contentum*. Er tut nichts, was Aufsehen oder Widerstand erregen könnte, er vermeidet das offensive Verhalten seines Adoptivvaters Caesar, der durch Annahme des Diktatortitels den Senat gegen sich aufgebracht hatte. Er demonstriert Genügsamkeit *(se ferens … contentum)*. Seine Machtkonsolidierung ist unmerklich *(paulatim)*, erfasst subtil alle Bereiche *(senatus magistratuum legum)*, wobei das **asyndetische Trikolon** das Schleichende und doch Umfassende seines Vorgehens illustriert. Das Ausbleiben jeglichen Widerstandes *(nullo adversante)* wird durch einen ausführlichen Kausalsatz *(cum …)* erklärt, der ebenfalls dreiteilig ist. Auch in einer so ausführlichen Konstruktion finden sich wieder die Beispiele für die taciteische ***brevitas***, in Form der zahlreichen Partizipialkonstruktionen und auch in **Ellipsen:** Der *postquam*-Satz enthält drei Einzelsätze *(nulla … publica arma; Pompeius … oppressus; ne … quidem … dux reliquus)*, aber keine Form von *esse* als Kopula; *esse* fehlt auch innerhalb des abschließenden Kausalsatzes im Einschub *quanto quis servitio promptior*. Tacitus drängt in einem einzigen Satz die gesamte Geschichte eines Jahrzehnts und mehr zusammen; er spannt den Bogen von den letzten Regungen des alten Senats bis hin zur unumstrittenen Alleinherrschaft des Augustus, er schildert Ereignisse, politische Entwicklungen, die **Motive** und Gedanken der Menschen, die Methoden des Augustus und die Wirkung seiner Handlungsweise, das gesamte Römische Reich in diesem einzigen großen Spannungsbogen und kann in diesem noch seine eigene moralische Bewertung subtil unterbringen.

2 Moralverlust der Staatsführung: Der Tod des Kaisers Claudius

Die folgende Episode (*Annalen* 12,64–67) zeigt, wie Tacitus den Zustand Roms in der Kaiserzeit sieht. Sie ist voll von ethischer Verurteilung, aber auch von Resignation. Die geschilderten Vorgänge spielen am Kaiserhof, hinter verschlossenen Türen, in der Seele der Beteiligten; und dennoch kann Tacitus ein umfassendes Bild davon entwerfen. In solchen Passagen gleicht das Geschichtswerk des Tacitus eher einem **Roman** als dem, was wir heute unter **wissenschaftlicher** Darstellung verstehen.

- *M. Asinio M'. Acilio consulibus mutationem rerum in deterius portendi cognitum est crebris prodigiis. Signa ac tentoria militum igne caelesti arsere, fastigio Capitolii examen apium insedit, biformis hominum partus et suis fetum editum, cui accipitrum ungues inessent. Numerabatur inter ostenta deminutus omnium magistratuum numerus, quaestore, aedili, tribuno ac praetore et consule paucos intra mensis defunctis* (ann. 12,64).

  Übersetzung: Im Konsulatsjahr des Marcus Asinius und des Manlius Acilius [54 n. Chr.] nahm man aufgrund häufiger Vorzeichen wahr, dass sich eine Veränderung der Verhältnisse zum Schlechteren ereignete. Feldzeichen und Soldatenzelte brannten durch himmlisches Feuer; auf dem Gipfel des Kapitols ließ sich ein Bienenvolk nieder; Zwittergestalten von Menschen wurden geboren und von einer Sau ein Wurf Ferkel, die Habichtskrallen besaßen. Zu den Wunderzeichen wurde auch gerechnet, dass die Zahl aller Magistrate verringert wurde, weil ein Quästor, ein Ädil, ein Tribun, ein Prätor und ein Konsul innerhalb weniger Monate starben.

  Erläuterung: Ähnlich wie bei Livius erkennt man die **annalistische** Darstellungsweise des Tacitus an der Nennung der Konsuln zu Beginn der Jahre. Als Vertreter konservativer Werte misst Tacitus Prodigien hohe Bedeutung zu. Mehrfach werden in den *Annalen* schlimme Ereignisse oder auch allgemein eine schlimme Verfassung des Staates durch furchterregende Vorzeichen begleitet oder angekündigt. Der Anfangssatz zeigt eine auffällige Wortstellung: Der AcI folgt sofort auf die Angabe der Konsuln, beginnend mit seinem Subjekt *(mutationem)*, das die Handlung vorwegnimmt: Es folgt ein Wechsel zum Schlechteren. Ebenso weist die Schlussstellung von *crebris prodigiis* auf die folgende **Konkretisierung** in Form einer **Dihärese** voraus: Drei Naturereignisse werden aufgezählt. Nur das erste besitzt ein Prädikat *(insedit)*, das zweite und das dritte sind einfach prädikatslose Subjekte *(biformis hominum partus, suis fetum editum)*; sprachliche Kürze, ***brevitas***, bildet auch hier ein bestimmendes Merkmal von

Tacitus' Ausdrucksweise. Tacitus sucht den ungewöhnlichen Ausdruck: Er redet nicht von einem missgestalteten Kind, sondern er benutzt in Form der **Metonymie** das Abstraktum *partus*, auf das er in einer **Enallage** das Attribut *biformis* bezieht, das inhaltlich zu *hominum* gehört. Das bedeutendste Vorzeichen, das Sterben von Magistraten aller Ränge, nimmt den größten Raum ein.

- *Sed in praecipuo pavore Agrippina vocem Claudii, quam temulentus iecerat, fatale sibi, ut coniugum flagitia ferret, dein puniret, metuens, agere et celerare statuit, perdita prius Domitia Lepida muliebribus causis, quia Lepida minore Antonia genita, avunculo Augusto, Agrippinae sobrina prior ac Gnaei mariti eius soror, parem sibi claritudinem credebat. Nec forma aetas opes multum distabant; et utraque impudica infamis violenta haud minus vitiis aemulabantur, quam si qua ex fortuna prospera acceperant* (ann. 12,64).

  Übersetzung: Aber in überstürzter Furcht beschloss Agrippina, zu handeln und beschleunigt vorzugehen, weil sie vor einem Ausspruch des Claudius in Angst geriet, welchen dieser betrunken hatte fallen lassen, es sei ihm schicksalsbestimmt, dass er die Laster seiner Ehefrauen erst ertragen, dann bestrafen müsse, wobei zuerst Domitia Lepida aus weiblichen Gründen vernichtet wurde, weil Lepida sich als Tochter der jüngeren Antonia, die Augustus zum Großonkel hatte, als ältere Cousine und als Schwester ihres [ersten] Ehemanns Gnaeus sich für gleichwertig an Rang hielt. Auch stand sie an Schönheit, Alter, Reichtum nicht weit hinter ihr; und beide wetteiferten, so schamlos, verrufen, gewalttätig sie waren, nicht weniger in ihren Lastern miteinander, als in dem, was sie möglicherweise als glückliche Umstände vom Schicksal bekommen hatten.

  Erläuterung: Die Übersetzung soll die zersplitterte Satzstruktur wiedergeben, welche die Panik der Agrippina, der Gattin des Kaisers Claudius, illustriert. Wieder findet sich eine besonders ungewöhnliche **Wortwahl**: *vocem iacere*. Die Abfolge der Verben gibt die Reihenfolge der Handlungen in der Realität wieder: die Äußerung des Claudius, Agrippinas Furcht, ihren Beschluss, rasch zu handeln. Dann ein **retardierendes** Moment: Ihre ersten Maßnahmen zielen nicht auf Claudius, sondern auf eine Rivalin am Hof. Ihr **Motiv** ist typisch weiblich (*muliebribus causis*), für Tacitus eine negative Wertung. Er analysiert und interpretiert Motive und Gedanken seiner Akteure in fast **romanhafter** Detailliertheit. Die moralische Niedrigkeit von Agrippinas Handeln wird in der Charakterisierung beider Frauen sichtbar. Die Kataloge negativer Eigenschaften haben die Gestalt von

asyndetischen Trikola, welche den Eindruck der Massenhaftigkeit der Laster verstärken (*forma aetas opes, impudica infamis violenta*).

- *Ob haec mors indicta, multum adversante Narcisso, qui Agrippinam magis magisque suspectans prompsisse inter proximos ferebatur certam sibi perniciem, seu Britannicus rerum seu Nero poteretur. Verum ita de se meritum Caesarem, ut vitam usui eius impenderet. Convictam Messalinam et Silium; pares iterum accusandi causas esse, si Nero imperitaret. Britannico successore nullum principi metum, at novercae insidiis domum omnem convelli maiore flagitio quam si impudicitiam prioris coniugis reticuisset.* (…) *Haec atque talia dictitans amplecti Britannicum, robur aetatis quam maturrimum precari, modo ad deos, modo ad ipsum tendere manus, adolesceret, patris inimicos depelleret, matris etiam interfectores ulcisceretur* (ann. 12,65).
  Übersetzung: Aus diesen Gründen wurde ihr der Tod angekündigt, obwohl Narcissus heftig widersprach, der gegen Agrippina mehr und mehr Misstrauen hegte und von dem man daher sagte, er habe unter seinen Vertrautesten seinen sicheren Untergang vorhergesagt, sei es, dass Britannicus, sei es, dass Nero an die Macht käme. Jedoch hätte der Kaiser ihm so viele Wohltaten erwiesen, dass er sein Leben für dessen Vorteil opfern würde. Messalina und Silius seien überführt worden; nun gäbe es wieder gleichwertige Gründe zur Anklage, wenn Nero Kaiser wäre. Wenn Britannicus Nachfolger wäre, gäbe es keine Furcht für den Kaiser, jedoch wäre es eine größere Schande, würde durch die Anschläge seiner Stiefmutter das ganze Kaiserhaus zerfleischt, als wenn er die Sittenlosigkeit seiner früheren Ehefrau verschwiegen hätte. (…) Indem er dies und anderes Derartiges immer wieder sagte, umarmte er Britannicus, wünschte ihm die Kraft des Erwachsenenalters so bald wie möglich, streckte seine Hände bald zu den Göttern, bald gegen diesen selbst hin aus, er möge erwachsen werden, er möge die Feinde seines Vaters zurückschlagen, er möge sogar die Mörder seiner Mutter bestrafen.

  Erläuterung: Der erste Satz beginnt mit zwei Handlungen ohne finites Prädikat: einer **Ellipse** (*indicta*) und einem Ablativus absolutus. So wird in der kommenden Reihung von Gedanken des Freigelassenen Narcissus die Gleichförmigkeit der Strukturen vermieden. Ähnlich ausführlich wie Agrippinas **Motive** werden die Erwägungen des Narcissus gestaltet. In all der moralischen Verworfenheit des Kaiserhofs wird der engste Vertraute des Claudius, ein Freigelassener, fast zu einer vorbildhaften Gestalt. Er zeigt Loyalität zu seinem Herrn, er kämpft gegen das Laster des Ehebruchs, indem er die untreuen Kaiserinnen denunziert und ihrer Strafe zuführt. Wieder schildert Tacitus die Gefühlswelt eines Menschen im Detail, gefasst in der indirekten Rede. Oft zitiert Tacitus anonyme Quellen (*ferebatur*), wobei nicht klar ist, ob er sich tatsächlich auf ungenannte Gewährsleute bezieht oder seine eigene Interpretation tarnt. Wieder fällt die gesuchte Ausdrucksweise auf: *ut vitam usui eius impenderet*. Die **brevitas** äußert sich in **Ellipsen** (*convictam Messalinam et Silium; Britannico successore nullum principi metum*). Tacitus benutzt immer wieder **Intensiva** (*imperitaret* statt *imperaret; dictitans* statt *dicens*) und häufig auch den Infinitivus historicus als Erzählform (*amplecti, precari, tendere*).

- *In tanta mole curarum valetudine adversa corripitur, refovendisque viribus mollitia caeli et salubritate aquarum Sinuessam pergit. Tum Agrippina sceleris olim certa et oblatae occasionis propera nec ministrorum egens de genere veneni consultavit, ne repentino et praecipiti facinus proderetur, si lentum et tabidum delegisset, ne admotus supremis Claudius et dolo intellecto ad amorem filii rediret. Exquisitum aliquid placebat, quod turbaret mentem et mortem differret. Deligitur artifex talium vocabulo Locusta, nuper veneficii damnata et diu inter instrumenta regni habita. Eius mulieris ingenio paratum virus, cuius minister e spadonibus fuit Halotus, inferre epulas et explorare gustu solitus* (ann. 12,66).
  Übersetzung: Unter einer solchen Sorgenlast wird er [= Claudius] von widrigem Gesundheitszustand befallen, und um seine Kräfte durch die Milde des Wetters und die Heilsamkeit des Wassers wiederherzustellen, begibt er sich nach Sinuessa [Kurort am Golf von Gaeta]. Da holt Agrippina, zum Verbrechen längst entschlossen und reaktionsschnell in der sich bietenden Gelegenheit sowie auch nicht arm an Helfern, Rat über die Art des Giftes ein, damit sie nicht durch eine plötzliche und überraschende Tat verraten würde, (und in der Furcht,) dass, wenn sie ein langsames und fressendes ausgewählt hätte, Claudius wegen der Todesnähe und durch Entdecken der Intrige wieder die Liebe zu seinem Sohn entdecken könnte. Ein besonders ausgesuchtes Gift bekam den Zuschlag, welches den Verstand verwirren und den Tod hinauszögern sollte. Ausgewählt als Künstlerin derartiger Taten wurde (eine Frau) mit Namen Locusta, die kürzlich wegen Giftmischerei verurteilt und lange unter den Werkzeugen der Herrschaft gehalten worden war. Mit der Hilfe des Talents dieser Frau wurde ein Gift bereitet, dessen Überbringer Halotus von den Eunuchen war, welcher die Mahlzeiten aufzutragen und durch Vorkosten zu testen pflegte.

  Erläuterung: Claudius wird als Subjekt ausgerechnet an der Stelle nicht genannt, wo er schließlich ins Blickfeld kommt. Die Formulierung lässt nicht entscheiden, ob er von der *moles curarum* betroffen ist oder ob es allein die des Narcissus ist. – Wieder zeigt sich die **brevitas**, diesmal in der Ersetzung eines ganzen Finalsatzes durch ein Gerundivum in Form eines Dativus finalis (*refovendis viribus* statt etwa *ut vires refoveret*). Damit ist wieder Agrippina am Zug. Der **dramaturgische** Wechsel der Akteure ist ein Wesenszug der **narrativen** Technik des Tacitus, der den psychischen Vorgängen der Handelnden großen Raum gibt. Mit den technischen Aspekten eines Giftmordes, welche er Agrippina reflektieren lässt, ist Tacitus erstaunlich vertraut. Die Wahl ihrer Helfer (sie sind Werkzeuge, *instrumenta*, keine ethisch Verantwortlichen), einer als Giftmischerin verurteilten Hexe und eines Dieners, charakterisiert eher die Planerin als die vordergründigen Ausführenden des Verbrechens. Aber auch die Werkzeuge haben Namen: Locusta bzw. Halotus; mit derartigen Details wie auch mit der Analyse der seelischen Bewegung seiner Personen erzeugt Tacitus den Eindruck der **Authentizität**. Die Ereignisse werden nachvollziehbar und plausibel. Ein subtiles Element zur Darstellung des Sittenverfalls ist die Verwendung der Bezeichnung *artifex* für die Giftmischerin. Das sind die Künste, mit denen man an diesem Kaiserhof Politik machte.

- *Adeoque cuncta mox pernotuere, ut temporum illorum scriptores prodiderint infusum delectabili boleto venenum, nec vim medicaminis statim intellectam, socordiane an Claudii vinolentia; simul soluta alvus subvenisse videbatur. Igitur exterrita Agrippina et, quando ultima timebantur, spreta praesentium invidia provisam iam sibi Xenophontis medici conscientiam adhibet. Ille tamquam nisus evomentis adiuvaret, pinnam rapido veneno inlitam faucibus eius demisisse creditur, haud ignarus summa scelera incipi cum periculo, peragi cum praemio* (ann. 12,67).
  Übersetzung: In solchem Maße wurde bald alles publik, dass die Schriftsteller jener Zeiten überliefert haben, das Gift sei in ein delikates Pilzgericht eingebracht worden und man habe die Kraft des Medikaments nicht sofort erkannt, sei es wegen der Sorglosigkeit oder wegen der Trunksucht des Claudius; zugleich schien ihm ein gelöster Bauch [Durchfall/Erbrechen] zu Hilfe gekommen zu sein. Folglich zieht die in Panik geratene Agrippina, da man das Äußerste fürchtete, ohne Rücksicht auf die Missgunst der Anwesenden das schon vorbereitete Mitwissen des Arztes Xenophon heran. Man glaubt, dieser habe, als wolle er die Mühen des sich Erbrechenden erleichtern, eine mit schnellem Gift bestrichene Feder in dessen Schlund geführt, wohl wissend, dass die größten Verbrechen mit Risiko begonnen, mit Gewinn vollendet werden.

Erläuterung: Agrippina ist, wie schon oben angelegt, nicht Herrin über den zeitlichen Ablauf ihres Plans. Anonyme Quellen (*temporum illorum scriptores*) nennen die Methode der Vergiftung, ein Pilzgericht. Die Umstände nötigen Agrippina zum überstürzten Handeln. Zweimal betont Tacitus in diesem Kapitel, dass sie keinerlei Skrupel hatte, den Mord fast ungetarnt zu vollbringen: Der Plan war bald vollständig bekannt (*pernotuere*) und der Arzt verabreicht Claudius das tödliche Gift vor den Augen aller Gäste; hier spricht Tacitus aus, dass diese Agrippinas Handeln verurteilen, dass Agrippina dies jedoch einfach ignoriert (*spreta praesentium invidia*). Der improvisatorische Charakter des Giftmords führt fast zu dessen Scheitern: Die zum zweiten Mal in dieser Episode erwähnte Trunksucht des Kaisers hätte in dieser Situation fast sein Leben gerettet, da er das Gift nicht bei sich behielt. Tacitus stellt Claudius insgesamt als einen unfähigen, manipulierbaren Mörder dar; auch das Mordopfer ist also keine bemitleidenswerte, sondern eine negative Gestalt. All diese ineinandergreifenden Details belegen die sorgfältige Komposition der Handlung durch Tacitus, die weit über das hinausgeht, was man heute unter dokumentierender Geschichtsschreibung versteht. Sogar der Arzt, selbst nur ein Freigelassener oder ein Sklave, philosophiert über Risiko und Nutzen des Verbrechens; Tacitus weiß das angeblich, obwohl diese ganze Szenerie nur auf Annahmen beruht (*creditur*).

Wie schon Livia beim Tod des Augustus wird auch nach dem Tod des Claudius eine ehrgeizige Frau, Agrippina, hinter den Kulissen alles Erforderliche arrangieren, um die Thronfolge in ihrem Sinne sicherzustellen. Dem Senat bleibt nur die begeisterte Akklamation. Intrigen, Schandtaten und Morde entscheiden darüber, wer die politische Macht in Rom besitzt.

3 Das Scheitern des Thrasea Paetus (*Annalen*, 13,49 und 16,25 f.)

Thrasea Paetus war ein Senator in der Zeit Neros. Von Tacitus wird er immer wieder in Situationen dargestellt und zitiert, in denen sich der Senat als ein Gremium von angsterfüllten oder auf ihren Vorteil bedachten Jasagern zeigt. Dieser Senat hat nichts mehr mit demjenigen zu tun, der Rom durch seine vorbildhafte Staatsführung zur Großmacht geführt hat. Thrasea ist der Exponent dieser alten, freimütigen Haltung, die lieber ihren eigenen Untergang in Kauf nimmt als gegen ihre moralischen Prinzipien zu verstoßen oder den Verlust von Freiheit zu akzeptieren. In der folgenden Szene schildert Tacitus die Auseinandersetzung anlässlich einer Abstimmung im Senat.

- *Non referrem vulgarissimum senatus consultum, quo civitati Syracusanorum egredi numerum edendis gladiatoribus finitum permittebatur, nisi Paetus Thrasea contra dixisset praebuissetque materiem obtrectatoribus arguendae sententiae. Cur enim, si rem publicam egere libertate senatoria crederet, tam levia consectaretur? Quin de bello aut pace, de vectigalibus et legibus quibusque aliis res Romana continetur, suaderet dissuaderetve? Licere patribus, quotiens ius dicendae sententiae accepissent, quae vellent, expromere relationemque in ea postulare. An solum emendatione dignum, ne Syracusis spectacula largius ederentur? Cetera per omnes imperii partes perinde egregia, quam si non Nero, sed Thrasea regimen eorum teneret? Quod si summa dissimulatione transmitterentur, quanto magis inanibus abstinendum! Thrasea contra, rationem poscentibus amicis, non praesentium ignarum respondebat eius modi consulta corrigere, sed patrum honori dare, ut manifestum fieret magnarum rerum curam non dissimulaturos, qui animum etiam levissimis adverterent* (ann. 13,49).

  Übersetzung: Ich würde nicht über einen ganz gewöhnlichen Senatsbeschluss berichten, durch den der Stadt Syrakus erlaubt wurde, die Höchstzahl für das Veranstalten von Gladiatorenspiele zu überschreiten, wenn nicht Paetus Thrasea sich dagegen ausgesprochen hätte und seinen Widersachern Gelegenheit geboten hätte, seine Haltung anzuprangern. Warum er denn, wenn er glaube, dass es dem Staat an freier senatorischer Meinungsäußerung fehlte, gegen so Unbedeutendes vorginge? Warum er nicht lieber seine Zustimmung oder seine Ablehnung äußere über Krieg oder Frieden, über Steuern und Gesetze und andere Themen, von denen der römische Staat zusammengehalten würde? Es stünde den Senatoren frei, sooft sie das Recht der Meinungsäußerung bekommen hätten, das darzulegen, was sie wollten, und eine Abstimmung darüber zu fordern. Ob es denn als einziges Thema der Korrektur wert wäre, dass in Syrakus die Spiele allzu großzügig inszeniert würden? Wären denn in allen Teilen des Reiches die übrigen Dinge ebenso herausragend, als ob nicht Nero, sondern Thrasea die Kontrolle darüber hätte? Denn wenn Wichtigstes mit Nichtbeachtung übergangen würde, um wie viel mehr müsse man dann die Finger von Nichtigem lassen! Thrasea antwortete dagegen, als seine Freunde Rechenschaft forderten, er kritisiere nicht aus Unwissenheit über die gegenwärtige Lage derartige Beschlüsse, sondern er rechne es den Senatoren als Ehre an, dass deutlich werde, dass diejenigen ihre Sorge um große Themen nicht verheimlichen würden, die ihre Aufmerksamkeit sogar den unbedeutendsten Sachen zuwandten.

Erläuterung: Tacitus stellt eine Senatssitzung dar, in welcher ein heftiger Streit, ausgelöst durch ein Bagatellthema, entstanden ist. Dabei ist nicht die Senatsentscheidung, den Syrakusanern die Überschreitung der erlaubten Höchstzahl von Gladiatorenpaaren bei den Spielen zu erlauben, der eigentliche Streitpunkt. Diese Regel wurde eingeführt, damit Gemeinden sich nicht finanziell übernahmen. Thrasea Paetus beklagt, dass der Senat sich nicht mit den wirklich bedeutenden, staatstragenden Themen befasse, sondern mit solchen Nebensächlichkeiten. Seine Kritik gilt der Bedeutungslosigkeit des ehemals höchsten Staatsorgans, gegen welche die Senatoren nichts unternahmen, welche sie vielmehr durch solche Debatten um nichts zementierten. Die Auseinandersetzung im Senat ist verlogen, denn die Senatoren beharren gegenüber Thrasea auf ihrer Freiheit, über alles Mögliche, auch über Kleinigkeiten, zu diskutieren und abzustimmen. Dieses Beharren auf Rede- und Entscheidungsfreiheit ist absurd, denn in der Tat kann der Senat nur noch über Nichtigkeiten entscheiden, und dies auch nur dann, wenn er damit nicht die Interessen des Kaisers verletzt. Nero hätte vermutlich eine andere Entscheidung in dieser Frage gar nicht zugelassen, da es zu den wichtigen Instrumenten der kaiserlichen Popularität gehörte, das Volk durch *panem et circenses* zu unterhalten. Der Senat hat sich also auch in dieser Abstimmung vorauseilend dem Willen des Princeps gebeugt ***(adulatio)***. Die Gegner Thraseas benutzen ihren Angriff zu einem gefährlichen Vorwurf: Thrasea wolle sich durch seine Forderung, man solle sich mit wirklich Wichtigem befassen, in Neros Zuständigkeiten einmischen. Ihm bleibt nur die resignierend-sarkastische Antwort, es sei ehrenhaft für den Senat, seine allumfassende Fürsorge auch kleinsten Angelegenheiten zuzuwenden. Thrasea Paetus erscheint in dieser Situation exponiert und isoliert. Nicht einmal seine Freunde leisten ihm wirklich Beistand. Er ist der Einzige, der es wagt, die traurige Rolle des Senats zu thematisieren, der dem Kaiser nach dem Mund redet und der diesen Verzicht auf seine staatstragende Bedeutung noch als Freiheitszeichen rechtfertigt. Tacitus benutzt Thrasea Paetus als Spiegel für diesen Senat. – Oft stellt Tacitus gedankliche Entwicklungen, Auseinandersetzungen und Erwägungen in Dialogform dar. In vielen Fällen sind diese Dialoge fiktiv, wie gleich zu zeigen sein wird. Im Fall von Senatssitzungen gibt es aber in den *Annalen* Beispiele dafür, dass Tacitus in der Tat Senatsprotokolle eingesehen und die Meinungsäußerungen verarbeitet hat, wobei sein Umgang mit dem Zitat sich vom Anspruch an die Quellentreue in der modernen Wissenschaft unterscheidet. Insofern kann man in der vorliegenden Szene davon ausgehen, dass eine solche Diskussion stattgefunden hat und vergleichbare Aussagen gefallen sind; man darf die Darstellung aber nicht als wörtliche Wiedergabe interpretieren, zumal Tacitus die distanzierte Form der indirekten Rede wählt. Es geht ihm um etwas anderes als um das Protokoll einer Senatssitzung. Der Historiker stellt nicht in erster Linie ein Ereignis dar, sondern er zeigt an ihm in einer höheren Dimension den Zustand des Staates auf.

In der Darstellung der Zeit Neros ist Thrasea Paetus die **Folie** des moralischen Niedergangs des Senats. Thrasea Paetus wendet sich in den letzten Büchern der *Annalen* immer wieder gegen Nero und gegen die Leute, welche sich durch Schmeichelei einen Vorteil beim Kaiser erhoffen bzw. welche aus Furcht um ihr Leben auf Opposition, auch gegen besseres Wissen, verzichten. Dies tut Thrasea im Wissen, dass er dadurch sein Leben aufs Spiel setzt. Er verliert an Einfluss und zieht sich ins Privatleben zurück. Schließlich ist Nero so gegen ihn aufgebracht, dass seine Gegner im Senat die Chance sehen, sich durch die endgültige Vernichtung Thraseas bei Nero beliebt zu machen:

- *Tum Thrasea inter proximos consultavit, temptaretne defensionem an sperneret. Diversa consilia adferebantur. Quibus intrari curiam placebat, securos esse de constantia eius disserunt; nihil dicturum, nisi quo gloriam augeret. Segnis et pavidos supremis suis secretum circumdare: Aspiceret populus virum morti obvium, audiret senatus voces quasi ex aliquo numine supra humanas. Posse ipso miraculo etiam Neronem permoveri; sin crudelitati insisteret, distingui certe apud posteros memoriam honesti exitus ab ignavia per silentium pereuntium. Contra, qui opperiendum domi censebant, de ipso Thrasea eadem; sed ludibria et contumelias imminere. Subtraheret auris conviciis et probris. Non solum Cossutianum aut Eprium ad scelus promptos; superesse, qui forsitan manus ictusque per immanitatem ausuri sint. Etiam bonos metu sequi. Detraheret potius senatui, quem perornavisset, infamiam tanti flagitii et relinqueret incertum, quid viso Thrasea reo decreturi patres fuerint. Ut Neronem flagitiorum pudor caperet, inrita spe agitari; multoque magis timendum, ne in coniugem, in filiam, in cetera pignora eius saeviret. Proinde intemeratus, impollutus, quorum vestigiis et studiis vitam duxerit, eorum gloria peteret finem* (ann. 16,25 f.).
Übersetzung: Da beriet sich Thrasea mit seinen Vertrautesten, ob er eine Verteidigung versuchen oder bleiben lassen sollte. Verschiedene Ratschläge wurden vorgebracht. Die, welche dazu rieten, in die *curia* zu gehen, legen dar, sie seien von seiner Standhaftigkeit überzeugt; er werde nichts sagen als solches, womit er seinen Ruhm vermehren würde. Feige und furchtsame Menschen umgäben ihren Tod mit Still-

schweigen: Das Volk solle einen Mann anschauen können, der dem Tod offen entgegengehe, der Senat solle seine Worte hören, die gleichsam durch eine göttliche Kraft über menschlichen (Worten) stünden. Es könne durch genau dieses Wunder sogar Nero umgestimmt werden; falls er aber auf seiner Grausamkeit bestehe, so werde von der Nachwelt bestimmt die Erinnerung an einen ehrenhaften Tod von der Feigheit derer, die in Schweigen zugrunde gingen, unterschieden werden. Dagegen sagten die, welche für das Abwarten zu Hause stimmten, über Thraseas Person dasselbe; aber es würden Spottreden und Beschimpfungen drohen. Er solle seine Ohren den Beleidigungen und Anschuldigungen entziehen. Nicht allein Cossutianus oder Eprius seien schnell zu einem Verbrechen bereit; es seien zudem Leute da, welche vielleicht sogar mit bloßen Händen oder mit Waffen Schlimmes wagen würden. Sogar gute Leute würden aus Angst mitmachen. Er solle lieber dem Senat, dessen Zierde er gewesen war, die Schande einer solchen Untat ersparen und im Ungewissen lassen, was die Senatoren über einen als Angeklagten anwesenden Thrasea entschieden hätten. Dass Nero die Scham über seine Untaten packen würde, das entspringe einer ungewissen Hoffnung; vielmehr sei zu fürchten, dass er gegen Thraseas Frau, gegen seine Tochter, gegen andere als Geiseln Gewalt verüben werde. Er solle sogleich unbehelligt, unbefleckt, dem Ruhm derer folgend, nach deren Vorbildern und Prinzipien er sein Leben ausgerichtet hätte, sein Ende suchen.

Erläuterung: In solchen fiktiven Dialogen vernehmen wir keine **authentischen** Redebeiträge konkreter Diskussionsteilnehmer. Niemand hat diese Unterredung protokolliert. Es ist Tacitus, der hier in **romanhafter** Einfühlung die Gedanken entwickelt, welche Thrasea Paetus in dieser äußersten Krise gegeneinander hätte abwägen können. Diese Gedanken legt er den engsten Freunden *(proximos)* in den Mund, indem er eine Gesprächssituation fingiert. Thrasea hat zwei alternative Möglichkeiten vor sich; entsprechend äußern die Freunde einander widersprechende Ratschläge *(diversa consilia)*. Einig sind sie sich nur in ihrer Ansicht über Thrasea *(de ipso Thrasea eadem)*. Beide Parteien haben überzeugende Argumente; ein furchtloser Thrasea, der sich aufrecht in der Öffentlichkeit zeige, würde in dieser Umgebung wie ein Wunder auf alle wirken; andererseits würde er seinen Feinden so Gelegenheit geben, ihn zu entwürdigen, was für ein entschlossenes Handeln im Stillen spräche. Auffallend ist auch hier die ***brevitas***, die gedrängte Kürze des Ausdrucks: *Contra, qui opperiendum domi censebant, de ipso Thrasea eadem*. Das Subjekt ist der Relativsatz, der auf ein sichtbares Bezugswort (etwa *ii*) verzichtet. In diesem Relativsatz fehlt dem Prädikat die Form *esse* **(Ellipse)**. Dem Hauptsatz fehlt ebenfalls das Prädikat, etwa *dicebant*. Der ganze Satz steht in der Spannung von Anfangs- und Schlusswort, von Gegensatz und Einigkeit: *contra ... eadem*. Es gibt eine Gegenposition, aber beide Parteien treffen sich in der Person des Thrasea, über die es keinerlei Unstimmigkeit gibt. Die extreme sprachliche **Komprimierung** zeigt sich beispielsweise auch im folgenden Satz: *Detraheret potius senatui, quem perornavisset, infamiam tanti flagitii et relinqueret incertum, quid viso Thrasea reo decreturi patres fuerint.* Er enthält eine Fülle von Aussagen: den Rat, dem Senat zu ersparen *(detraheret)*, dass er seinen Ruf weiter ruiniere *(infamiam)*, indem er ihn durch sein Erscheinen zu einem krassen Unrechtsurteil *(tanti flagitii)* nötige; Thrasea sei immer die Zierde dieses Senats gewesen *(quem perornavisset)*; so werde nie bekannt werden *(relinqueret incertum)*, wie der Senat entschieden hätte *(quid ... decreturi patres fuerint)*, wenn Thrasea sich persönlich der Anklage gestellt hätte *(viso Thrasea reo)*. Diese Dichte der Gedanken macht es oft schwer, Tacitus zu folgen.

Die Episode endet mit dem Tod Thraseas, dem das Urteil des Senats *(arbitrium mortis)* mitgeteilt wird. Tacitus gestaltet diese Szene weit kürzer als den Tod Senecas, der sich ebenfalls selbst tötet; letztere Szene ist bewusst Platons Schilderung vom Tod des Sokrates nachempfunden. Thrasea spricht mit einem kynischen Philosophen über das Wesen der Seele sowie den Tod und öffnet sich dann die Pulsadern. Wie Seneca spricht er fromme, von hohen Prinzipien getragene letzte Worte. Hier endet das Werk abrupt; die letzten Kapitel des 16. Buches der *Annalen* sind verloren.

Für Tacitus ist Thrasea Paetus ein Medium, um den vollkommenen Verfall aller römischen ***virtutes*** unter der Herrschaft Neros zu illustrieren. Wie ein Fels republikanischer Tugend ragt er aus dem entarteten Senat heraus, der einst die sichtbare politische Verkörperung römischer Moral gewesen war; aber so wie diese glorreiche Schicht an der Morallosigkeit und der Machtgier eines Caesar, eines Antonius und eines Augustus zugrunde gegangen ist, so scheitert sie auch nun, verkörpert in der Person Thraseas, in der verkommenen Atmosphäre von Neros Tyrannis.

4 Die Biografie des Schwiegervaters: *De vita et moribus Iuli Agricolae*

Mit dieser kurzen Schrift verfolgte Tacitus verschiedene Absichten. Zum einen verarbeitet er das Erlebnis der Tyrannei Domitians, der im Jahr 96 n. Chr. ermordet worden war. Zum anderen setzt er seinem

Schwiegervater Gnaeus Iulius Agricola ein Denkmal und stellt seine Interpretation den Vorwürfen der Kollaboration entgegen, denen der erfolgreiche Politiker, Feldherr und Statthalter Britanniens möglicherweise ausgesetzt war.
Ob Agricola tatsächlich der pflichtbewusste, sachorientierte Offizier war, welcher durch seine Erfolge die Eifersucht Domitians erregte und deshalb ins private Exil gehen musste, oder ob er seine Karriere doch eher seiner Bereitschaft verdankte, all seine Kraft den Interessen des Kaisers unterzuordnen, kann auf der Basis von Tacitus' Biografie nicht entschieden werden. Fest steht, dass Tacitus selbst unter Domitian politische Ämter bekleidet hat; so könnte sich in der Schilderung der Zustände in dieser dunklen Zeit auch das Bedürfnis äußern, die eigene Rolle zu verarbeiten.
In einer solchen Aufarbeitung der Tyrannis liegt schließlich immer auch der **Appell** an den noch neuen Kaiser, gerecht und weise zu handeln. Die Qualität des **Fürstenspiegels** ist aus dem *Agricola* in den Beschreibungen von Domitians Neid und Ungerechtigkeit stellenweise erkennbar.
Das Werk beginnt mit der Familie und der Kindheit Agricolas, beschreibt kurz seine Karriere und wendet sich dann ausführlich seiner Statthalterschaft in Britannien zu, in deren Verlauf Agricola die Provinz erheblich nach Norden ausweiten konnte. Dann fiel er in Ungnade, musste nach Rom zurückkehren und beendete sein Leben im Jahr 93 n. Chr. zurückgezogen außerhalb Roms.
In einem Epilog reflektiert Tacitus am Schluss des Werks das Leben Agricolas, seine Leistungen und seine Rolle unter Domitian. Sein Werk begründet er mit der Liebe und der Bewunderung für seinen Schwiegervater.
Mit welchen Mitteln Tacitus die Leistungen seines Schwiegervaters hervorhebt, zeigt das folgende Textbeispiel, welches dessen umsichtiges Verhalten nach dem entscheidenden Sieg über die Britannier schildert:

- *Et nox quidem gaudio praedaque laeta victoribus. Britanni palantes mixto virorum mulierumque ploratu trahere vulneratos, vocare integros, deserere domos ac per iram ultro incendere, eligere latebras et statim relinquere, miscere in vicem consilia aliqua, dein separare, aliquando frangi aspectu pignorum suorum, saepius concitari. Satisque constabat saevisse quosdam in coniuges ac liberos, tamquam misererentur. Proximus dies faciem victoriae latius aperuit: vastum ubique silentium, secreti colles, fumantia procul tecta, nemo exploratoribus obvius. Quibus in omnem partem dimissis, ubi incerta fugae vestigia neque usquam conglobari hostis compertum (et exacta iam aestate spargi bellum nequibat), in finis Bo-*

restorum exercitum deducit. Ibi acceptis obsidibus praefecto classis circumvehi Britanniam praecipit. Datae ad id vires, et praecesserat terror. Ipse peditem atque equites lento itinere, quo novarum gentium animi ipsa transitus mora terrerentur, in hibernis locavit. Et simul classis secunda tempestate ac fama Trucculensem portum tenuit, unde proximo Britanniae latere praelecto omnis redierat (Agr. 38).

Übersetzung: Und die Nacht war durch Freude und Beute jedenfalls für die Sieger beglückend. Die Britannier irrten umher und schleppten unter vermischtem Klagen von Männern und Frauen Verwundete weg, riefen nach den Unverletzten, verließen ihre Häuser und zündeten sie obendrein noch aus Zorn an, suchten sich Verstecke aus und verließen sie sofort wieder, schmiedeten wechselweise irgendwelche Pläne miteinander, verwarfen sie dann wieder, zuweilen brachen sie angesichts ihrer Lieben zusammen, öfter gerieten sie in Raserei. Es ist ausreichend belegt, dass manche gegen ihre Frauen und Kinder Gewalt verübten, als ob sie mit diesen Mitleid hätten. Der folgende Tag machte das Antlitz des Sieges noch weitaus deutlicher: überall Totenstille, vereinsamte Hügel, in der Ferne rauchende Hütten, niemand begegnete den Kundschaftern. Als diese in jede Richtung losgeschickt worden waren und sobald entdeckt worden war, dass die Spuren der Flucht durcheinandergingen und sich der Feind nirgends zusammenscharte – und da aufgrund des schon zu Ende gehenden Sommers der Krieg nicht mehr ausgedehnt worden konnte –, führte er das Heer ins Gebiet der Borester. Dort nahm er Geiseln entgegen und befahl dem Kommandanten der Flotte, Britannien zu umfahren. Hierzu wurden ihm Streitkräfte gegeben, und der Schrecken war ihm vorausgeeilt. Selbst brachte er die Infanterie und die Reiter in langsamem Marsch, damit so die Herzen neuer Stämme gerade durch die Verzögerung des Durchzugs in Schrecken versetzt wurden, ins Winterlager. Und zugleich nahm die Flotte, unterstützt vom Wetter und von ihrem Ruf, den trucculensischen Hafen in Besitz, von wo aus (sie aufgebrochen war und wohin sie; **Brachylogie**, vgl. die Erläuterung unten), nachdem sie die ganze nächstgelegene Flanke Britanniens abgefahren hatte, komplett zurückgekehrt war.

Erläuterung: Das römische Heer, geführt von Agricola, hat die Entscheidungsschlacht am Mons Graupius gewonnen. Die besonnene Taktik des Feldherrn hat dafür gesorgt, dass die Römer trotz zahlenmäßiger Unterlegenheit mit geringen eigenen Verlusten die Kaledonier vernichtend geschlagen haben. Tacitus entwirft ein anschauliches Bild der Situation nach der Schlacht.

Das Kapitel teilt die Darstellung in zwei Zeitabschnitte: die Nacht *(nox)* und den darauffolgenden Tag *(proximus dies)*. Die Freude der siegreichen Römer in der Nacht wird kurz durch die Beute **motiviert**. Die ***brevitas*** des Ausdrucks durch die **Ellipse** (die Kopula *est* fehlt) gibt dieser Siegesfreude eine gefasste und knappe Form. Dagegen wird der Jammer der Britannier in einer langen **asyndetischen Reihung** verschiedener Szenen und Bilder dargestellt, welche die Konfusion illustriert. Die Prädikate stehen im Infinitivus historicus. Das Fahrige der einzelnen Aktionen wird durch mehrere **Antithesen** verstärkt: *vulneratos – integros, eligere – relinquere, miscere consilia – separare, frangi – concitari*. Die schlimmste Absurdität wird in einem ausführlichen Satz angehängt, ihre Glaubwürdigkeit durch *satis constat* belegt, ohne dass auf konkrete Quellen Bezug genommen wird: Einige Britannier bringen ihre eigenen Familien um. Durch die **Wortwahl** *saevisse* wird diese Handlungsweise als Wahnsinn interpretiert; dagegen ist anzunehmen, dass die Familienväter ihren Frauen und Kindern den Weg in die Sklaverei ersparen wollten, was auch anderweitig, etwa in künstlerischen Darstellungen, belegt ist. Die Unterstellung des Wahnsinns verstärkt den Kontrast zur beherrschten Klarsichtigkeit der Römer und Agricolas. – Der anbrechende Tag enthüllte *(aperuit)* das wahre Antlitz *(faciem)* des Sieges: eine **Allegorie**, welche durch die **Personifikation** den Tag und den Sieg als Wesen darstellt. Das Inferno der Nacht ist am Morgen der Totenstille gewichen *(vastum … silentium)*. In einer **asyndetischen** Reihung werden prädikatslose Nomina **(Ellipse)** angehäuft, welche die verschiedenen Aspekte der Szene in den Blick nehmen. Die Kundschafter *(exploratoribus)* werden genannt: Der umsichtige Feldherr Agricola hat, ganz in der Konsequenz der beherrschten Siegesfreude, sofort an das Erforderliche gedacht und alles unternommen, um eine eventuelle Reorganisation der besiegten Feinde zu unterbinden *(quibus in omnem partem dimissis)*. Das Resultat der Nachforschung wird in einem militärisch knappen Temporalsatz *(ubi … compertum)* genannt, dem wieder die Kopula *est* fehlt **(Ellipse)**. Die rasche Entschlusskraft Agricolas drückt sich in der Gedrängtheit aller Überlegungen, Maßnahmen und Entscheidungen des Feldherrn in einem einzigen Satz aus: Von der Aussendung der Kundschafter, ihrer Meldung, dass nichts zu sehen sei, über die Überlegung, dass der nahende Winter keine Fortsetzung des Feldzugs zuließe, bis zur Stationierung der Truppen im Winterlager spannt sich ein einziger Bogen. Man erkennt in dieser syntaktischen Einheit aller Handlungen den souveränen Überblick des Kommandanten. Man hört auch in den folgenden Sätzen seine knappen Befehle: Er sichert sein Heer durch Geiselnahme gegen Angriffe der Britannier und plant schon die weiteren Aktionen, indem er seine Flotte in einer unglaublichen Unternehmung, der Umfahrung der Inseln, Präsenz zeigen lässt. Erneut wird die militärische ***brevitas*** durch eine **Ellipse** verdeutlicht: *datae ad id vires.* Die beabsichtigte Wirkung wurde erzielt: Die Britannier sind völlig eingeschüchtert (*praecesserat terror*). Die psychologisch raffinierte Vorgehensweise zeigt sich weiter darin, dass Agricola seine erschöpften Soldaten langsam ins Winterlager abrücken lässt, was den Feinden weitere Furcht einjagt. Auffallend ist der Singular statt des Plurals in *peditem*, eine Form der **Metonymie**; dann folgt in einer ***variatio*** der eigentlich zu erwartende Plural *equites.* Der Blick auf die Flottenexpedition ist so kurz gehalten, dass die Ausmaße einer solchen Fahrt völlig verdeckt werden. Nochmals kommt die psychologische Absicht zur Sprache: *fama.* Die Leichtigkeit des Unternehmens wird in der **Brachylogie** des abschließenden Nebensatzes anschaulich: *unde … redierat* drückt Aufbruch und Rückkehr aus, ohne dass für den Aufbruch ein eigenes Prädikat verwendet wird. Man würde etwa erwarten *unde profecta … omnis redierat.* Darin liegt wie oben die Absicht, Schnelligkeit und Reibungslosigkeit zu suggerieren. Agricola ist durch seine Planungskompetenz und seine Umsicht ein fehlerfreier und vollkommen erfolgreicher Heerführer.

Das Ende der Biografie seines Schwiegervaters ist von der persönlichen, subjektiven Sicht des Autors getragen. Er schildert seine Trauer über den Verlust des Schwiegervaters, die Trauer von dessen Tochter – der Frau des Tacitus – über den Verlust des Vaters, die Trauer der Freunde. Dann reflektiert Tacitus nochmals kurz wichtige Fakten der Biografie und wägt ab, ob der Tod für Agricola und seine Umgebung zu diesem Zeitpunkt und in dieser politischen Umgebung ausschließlich ein Verlust oder aber paradoxerweise sogar ein Gewinn gewesen sein könnte:

- *Filia atque uxore superstitibus potest videri etiam beatus incolumi dignitate, florente fama, salvis adfinitatibus et amicitiis futura effugisse. Nam sicut ei non licuit durare in hanc beatissimi saeculi lucem ac principem Traianum videre, quod augurio votisque apud nostras auris ominabatur, ita festinatae mortis grande solacium tulit evasisse postremum illud tempus, quo Domitianus non iam per intervalla ac spiramenta temporum, sed continuo et velut uno ictu rem publicam exhausit* (Agr. 44,5 f.).
  Übersetzung: Durch das Überleben seiner Frau und seiner Tochter kann er sogar als glücklich betrachtet werden, dass er mit unversehrter Würde, in der Blüte seines Ruhms, ohne Verlust von Freunden und Verwandten der kommenden Zeit entronnen ist. Denn so, wie es

ihm nicht vergönnt war, bis ins Licht der gegenwärtigen überglücklichen Ära weiterzuleben und den Kaiser Trajan zu sehen, was er durch Prophezeiung und Wünsche in unserer Gegenwart vorhersagte, so bekam er als großen Trost aus seinem frühzeitigen Tod, dass er jener letzten Zeit entkommen war, in der Domitian nicht nur in Abständen und mit Atempausen, sondern fortgesetzt und gleichsam mit einem Schlag den Staat ausbluten ließ.

Erläuterung: Tacitus schrieb und veröffentlichte den *Agricola* in den ersten Jahren nach Trajans Regierungsantritt, wahrscheinlich im Jahr 98 n. Chr. Über den Tod eines geliebten Menschen will man sich hinwegtrösten, wozu man oft die Leiden betrachtet, welche dem Toten erspart geblieben sind. Das ist im Fall Agricolas die schlimme Endphase von Domitians Herrschaft, der er möglicherweise ebenfalls zum Opfer gefallen wäre. So konnte er der sich ausbreitenden Gewalttätigkeit entkommen, ohne seine gesellschaftliche Demontage und den Untergang seiner Familie und Freunde erleben zu müssen, welche nach seinem Tod weitgehend ausblieb. Diese positiven Aspekte drückt Tacitus in einem **komprimierten** Satz aus, der mit *potest* nur eine einzige finite Verbform enthält, daneben aber einen langen Katalog von Ablativi absoluti. Das letzte Wort *effugisse* bildet den Verlauf der realen Ereignisse ab und bleibt durch die prägnante Schlussstellung als Resultat stehen: Agricola ist entkommen. Der anschließende Satz enthält in seiner preisenden Erwartung einen **Appell** an den neuen Kaiser Trajan, verstärkt durch die drastische Schilderung und Verurteilung des Wütens von Kaiser Domitian in seiner Endzeit. Dieses wird durch Bilder und **Allegorien** intensiviert: In *spiramenta* sieht man einen Gladiator, der im Um-sich-Schlagen kurz durchatmen muss, bevor er durch *uno ictu* einen ununterbrochenen Gewaltexzess verübt. Sein Opfer ist der Staat, welcher verblutet, da ihm seine prominentesten Vertreter genommen werden.

Das **Motiv** des glücklichen Entkommens durch den zeitigen Tod wird im folgenden Kapitel durch die Nennung einiger herausragender Untaten Domitians **konkretisiert**. Dann wendet sich Tacitus in einer **Apostrophe** direkt an Agricola, indem er ihn in der 2. Person anspricht und ihn nochmals dafür glücklich preist, dass er das nicht miterleben musste. Es folgen Gedanken über den Umgang mit dem Sterben, über das Weiterleben der Hinterbliebenen und das Wesen der Unsterblichkeit:

- *Si quis piorum manibus locus, si, ut sapientibus placet, non cum corpore extinguuntur magnae animae, placide quiescas, nosque domum tuam ab infirmo desiderio et muliebribus lamentis ad contemplationem virtutum tuarum voces, quas neque lugeri neque plangi fas est. Admiratione te potius et immortalibus laudibus et, si natura suppeditet, similitudine colamus; is verus honos, ea coniunctissimi cuiusque pietas. Id filiae quoque uxorique praeceperim, sic patris, sic mariti memoriam venerari, ut omnia facta dictaque eius secum revolvant, formamque ac figuram animi magis quam corporis complectantur, non quia intercedendum putem imaginibus, quae marmore aut aere finguntur, sed ut vultus hominum, ita simulacra vultus imbecilla ac mortalia sunt, forma mentis aeterna, quam tenere et exprimere non per alienam materiam et artem, sed tuis ipse moribus possis. Quidquid ex Agricola amavimus, quidquid mirati sumus, manet mansurumque est in animis hominum in aeternitae temporum, fama rerum; nam multos veterum velut inglorios et ignobilis oblivio obruit. Agricola posteritati narratus et traditus superstes erit* (Agr. 46).

Übersetzung: Wenn es einen Ort für die Seelen der Pflichtgetreuen gibt, wenn, wie die Weisen annehmen, nicht zusammen mit dem Körper die großen Seelen ausgelöscht werden, so mögest du in Frieden ruhen und uns sowie dein Haus von schwächlicher Sehnsucht und weibischen Klagen zur Betrachtung deiner Tugenden wegrufen, welche man weder zu beklagen noch zu beweinen das Recht hat. Wir wollen dich eher in Bewunderung und unsterblichen Lobreden und, wenn die Natur das zulässt, durch Nachahmung ehren; das ist wahre Ehrung, das ist die Pflicht gerade der nächststehenden Menschen. Das würde ich auch deiner Tochter und deiner Frau raten, so das Andenken des Vaters, so das des Ehemannes zu verehren, dass sie alle seine Taten und Worte in sich wachrufen, dass sie sich eher am Bild und der Erscheinung seines Geistes als an der seines Körpers festhalten, nicht weil ich glauben würde, dass man gegen Bilder vorgehen sollte, welche aus Marmor oder Metall geformt werden, sondern weil wie die Gesichter von Menschen so auch die Abbildungen der Gesichter schwach und sterblich sind, die Erscheinung der Seele aber ewig, welche man nicht durch fremdes Material und Kunstfertigkeit festhalten und ausdrücken kann, sondern nur direkt durch eigene Lebensführung. Was immer wir an Agricola geliebt haben, was immer wir bewundert haben, das bleibt, und wir bleiben in den Seelen der Menschen für ewige Zeiten durch die Kunde der Tatsachen; denn viele von den Alten hat das Vergessen gleichsam als Ruhmlose und Unbekannte verschüttet. Agricola wird, weil er der Nachwelt erzählt und überliefert worden ist, überleben.

Erläuterung: Es gibt keine Gewissheit über die weitere Existenz von Verstorbenen. So wird dieser Abstand durch sprachliche Ausdrücke charakterisiert, welche Vermutungen ausdrücken: Konditionalsätze (*si quis ..., si ...*) und Konjunktive, die man einerseits als Optativ (*quiescas, voces*), andererseits als Potentialis interpretieren sollte (*praeceperim*). Die einzige Gewissheit wird im letzten Satz ausgedrückt, dass nämlich die Erinnerung der Nachwelt die eine Form des Weiterlebens ist, die wir als sicher annehmen dürfen. Hierin liegt auch der Stolz des Schriftstellers, der in *narratus et traditus* seine eigene Tätigkeit und Wirkung dokumentiert und damit sein Werk im Schlusssatz gleichsam signiert. Dieser Hinweis auf die Ewigkeit der eigenen Arbeit ist ein traditioneller **Topos** der Literatur, den wir z. B. auch am Ende der Odenbücher des Horaz oder als Schluss von Ovids *Metamorphosen* wiederfinden. – In der Vermutung, dass den Menschen, die ihre Pflicht erfüllt haben (*piorum manibus*) ein bestimmter Ort für eine ewige Seligkeit bestimmt ist, liegt eine **stoische** Vorstellung, wie sie auch Cicero im *Somnium Scipionis* am Ende von *De re publica* ausgedrückt hat. Es fällt auf, dass Tacitus hier, am Schluss der Biografie, in langen **hypotaktischen** Perioden formuliert und auf das Stilmittel der ***brevitas*** verzichtet; auch dies ein Ausdrucksmittel, das die ewige Zeitlosigkeit der Dinge wiedergibt, über die er spricht.

4 Zeitleiste

Römische Geschichte		Tacitus: Leben und Werk	
54 n. Chr.	Regierungsantritt des Kaisers Nero		
		ca. 58 n. Chr.	Geburt (genaues Datum nicht bekannt)
68	Tod des Kaisers Nero; Dreikaiserjahr (Galba, Otho, Vitellius)		
69	Kaiser Vespasian (Beginn der Ära der Flavierkaiser)		
78	Beginn der Statthalterschaft des Gnaeus Iulius Agricola in Britannien		
79	Tod des Kaisers Vespasian; Nachfolger: Titus		
81	Tod des Kaisers Titus; Nachfolger: Domitian		
84	Schlacht am Mons Graupius (endgültige Unterwerfung der Britannier durch Agricola)		
85	Ende der Statthalterschaft des Agricola in Britannien		
93	Tod Agricolas		
96	Tod des Kaisers Domitian; Nachfolger: Nerva (Beginn der Ära der Adoptivkaiser)		
		97	*consul suffectus*
98	Tod des Kaisers Nerva; Nachfolger: Trajan	ca. 98	*De vita et moribus Iulii Agricolae; De situ et origine Germanorum* („Germania“)
		ca. 102	*Dialogus de oratoribus*
		ca. 109	Abschluss der *Historiae*; Beginn der Arbeit an den *Annalen*
117 n. Chr.	Tod des Kaisers Trajan; Nachfolger: Hadrian		
		ca. 120 n. Chr.	Tod (genaues Datum nicht bekannt)

Glossar

adulatio Schmeichelei, Speichelleckerei etwa des Senats gegenüber dem Kaiser, vorauseilender Gehorsam, Handeln im wirklichen oder vermuteten Interesse des Mächtigen ohne Rücksicht auf Moral und eigenes Ansehen.

Aitiologie, aitiologisch Ereignisse oder Fakten, welche aktuelle oder historische Tatsachen, Bräuche, Institutionen etc. begründen.

Allegorie Darstellung einer Tatsache mithilfe eines Bildes aus einem anderen gedanklichen Bereich (Gleichnis).

Alliteration Gleichklang am Beginn aufeinanderfolgender Wörter.

Anapher, anaphorisch Stellung gleicher Wörter am Anfang aufeinanderfolgender Sätze oder Satzteile.

Annalen, annalistisch Form der Geschichtsaufzeichnung, welche die Ereignisse in chronologischer Folge den Jahren nach anordnet.

Antiklimax schrittweise Reduzierung der Intensität oder der Quantität in aufeinanderfolgenden Kola, etwa in Aufzählungen; Gegensatz: Klimax.

Antithese, antithetisch einen Gegensatz enthaltende Begriffe oder Sätze werden einander gegenübergestellt.

Apostrophe Wegwendung vom aktuellen Publikum und Anrede einer abwesenden Person, etwa in einer Rede; oft an Götter gerichet, aber auch an Abstrakta.

Apotheose Gottwerdung eines Menschen.

Appell Erinnerung an die Verantwortung, an die Größe der Vergangenheit, an die Bedeutung des Ziels oder der Aufgabe.

Archaismus, archaistisch Verwendung von altertümlichen oder altertümlich klingenden Wörtern, Wortformen oder Wortbildungen zur Erzeugung eines erhabenen oder appellierenden Stils.

Asianimus, asianischer Stil hellenistischer rhetorischer Stil, entstanden in Kleinasien; auf Pathos und emotionale Wirkung ausgerichtete Redeweise.

Assimilation morphologisches Phänomen: Angleichung des Endlautes eines Präfixes an den Anfangslaut des folgenden Wortbestandteils, etwa in Komposita (z. B. *con-locare* wird zu *col-locare*).

Assonanz Gleichklang nicht verwandter Wörter.

Asyndeton, asyndetisch verbindungslose Aufzählung ohne Konnektoren; Gegensatz: Polysyndeton.

Attizismus, attischer Stil bewusst schlichter, auf Effekte verzichtender rhetorischer Stil; grenzte sich gegen den Asianismus ab.

Authentizität, authentisch Echtheit, historische Wirklichkeit, Unverstelltheit, Vertrauenswürdigkeit.

Brachylogie extrem verkürzte Darstellung eines Vorgangs durch Weglassen von Phasen oder Zwischenstadien, sodass manchmal sogar unsinnige Wortkombinationen entstehen; Mittel zur Darstellung sich überstürzender oder rasend schnell ablaufender Ereignisse.

brevitas gesuchte Kürze des Ausdrucks, Knappheit der Formulierung, etwa mithilfe der Ellipse.

captatio benevolentiae wörtlich: „Haschen nach Wohlwollen"; Attitüde zumeist eines Redners zu Beginn des Vortrags durch Herunterspielen der eigenen Bedeutung oder Leistung angesichts des großen Themas oder des bedeutenden Publikums.

Chiasmus, chiastisch Überkreuzstellung zweier Begriffspaare, etwa nach dem Muster Nomen–Attribut, Attribut–Nomen; zahlreiche andere Kategorien denkbar.

consensus omnium bonorum Einheit aller guten, d. h. der *res publica* dienenden Menschen. Vor allem Cicero benutzte diesen Begriff als Ideal im Kampf gegen Politiker wie Catilina, Clodius, Caesar und Antonius.

cursus honorum Karriere der senatorischen Ämter; für jedes Amt (Magistrat) musste der Bewerber ein Mindestalter erreicht haben: *quaestor* (31), *aedilis* (37), *praetor* (40), *consul* (43). Cicero konnte alle Ämter im frühestmöglichen Alter antreten (*suo anno*).

Differenzierung logische Aufteilung bzw. Gliederung eines Oberbegriffs in Kategorien oder Aspekte.

Dihärese Zerlegung eines vorgegebenen Begriffs in mehrere Aspekte.

Dramaturgie, dramaturgisch Strukturierung einer Handlung, Entwicklung von Erzählungen durch Anordnung der Ereignisse, Gefühlsregungen, Wendungen etc.

Eklektizismus, eklektizistisch das Auswählen und Übernehmen von Elementen aus anderen gedanklichen Systemen (Philosophie), die dann zu Bestandteilen eines eigenen gedanklichen Systems werden (Synkretismus).

Ellipse Auslassung von Teilen einer syntaktischen Struktur, meist der Kopula *esse* z. B. im AcI oder von Verben des Sagens.

Empathie, empathisch Fähigkeit, sich in das Denken und Fühlen einer anderen Person hineinzuversetzen.

Emphase, emphatisch Belegung eines Wortes mit einem tieferen Sinn („Er ist nur ein Mensch"); weiteres Verständnis: Hervorhebung einer Emotion, etwa durch Ausrufe oder intensive Wortwahl.

Enallage Beziehung eines Attributs auf ein anderes als das eigentlich erwartete Bezugswort; meist in poetischen Texten (Vergil).

Enjambement Hinüberziehen der syntaktischen Struktur in den folgenden Vers durch ein einzelnes Wort; eigentlich unkorrekter Begriff; metrisch entsteht durch das fortlaufende Sprechen des sechsten Versfußes und der folgenden beiden Anfangssilben des nächsten Verses scheinbar eine „jambische" Struktur.

Epikureismus, epikureisch philosophische Schule, begründet durch Epikur (341–271 v. Chr.); zentrales Element ist der Materialismus, aus dem die Nichtexistenz transzendenter Einflüsse für das menschliche Leben gefolgert wird.

Epiphanie Erscheinung einer Gottheit.

Epos, episch literarische Gattung; Merkmale: fortlaufende Handlung, Versmaß daktylischer Hexameter; ursprünglich in der Götter- und Heldensphäre angesiedelt, aber mit historischen Charakteristika.

eques römische Gesellschaftsschicht, oft missverständlich durch „Ritter" übersetzt; ursprünglich die Vermögensklasse, die im Krieg einen Reiter ausrüsten konnte. Mittelschicht zwischen Volk und Senatsschicht; oft reiche Geschäftsleute, Grundbesitzer, Steuerpächter, allerdings mit beschränktem politischem Einfluss.

***exemplum*, exemplarisch** vorbildliches oder abschreckendes Beispiel; beispielhaftes Verhalten, veranschaulichend, belehrend.

Exkurs in die Darstellung eingeschobener Gedanke, Abschweifung, gedanklicher Zwischenschritt, Beispiel, oft weit vom eigentlichen Darstellungsgang entfernt, aber zu dessen Erläuterung, Erweiterung, Beleg.

fatum besonderer Aspekt des Schicksals als vorbestimmten Ablaufs der Ereignisse und der Geschichte; abstrakte, meist nicht personifizierbare Instanz, der auch die Götter unterworfen sind.

figura etymologica Erscheinungsform des Polyptoton: Kombination eines Nomens mit einem Verb des gleichen Wortstamms; das Nomen ist in der Regel durch ein Attribut erweitert („einen schweren Kampf kämpfen").

fingierte Frage Mittel zur Fortführung einer gedanklichen Entwicklung: Simulation einer Zwischenfrage des Adressaten.

Folie Darstellung eines analogen Ereignisses, einer vorbildhaften Person, entweder zum Lob oder zum Tadel des eigentlichen Gegenstands oder der eigentlichen Person.

Fürstenspiegel literarischer Ratgeber für einen Fürsten, dem in Positiv- oder Negativform das ideale Denken oder Handeln des Herrschers vor Augen geführt wird; unterschiedliche literarische Gattungen: Rede, Monografie, andere Formen.

Gleichnis s. Allegorie.

Hephthemimeres Zäsur des Hexameters nach der ersten Länge des vierten Versfußes.

homo novus Bezeichnung eines Mannes, der aus nicht-senatorischer Familie, etwa aus dem Ritterstand, stammend den *cursus honorum* erfolgreich durchläuft. Dies kam extrem selten vor; das prominenteste Beispiel ist Cicero. In der Kaiserzeit gab es dann deutlich mehr *homines novi* im Senat.

hostis publicus juristischer Begriff: Eine Person konnte vom Senat zum *h.p.* erklärt werden, verlor somit das Bürgerrecht und konnte mit allen – auch mit militärischen – Mitteln bekämpft werden.

Hyperbaton Trennung zueinandergehörender Wörter (etwa Attribut und Bezugswort) durch dazwischengestellte Wörter; meist zur optischen Veranschaulichung des Geschilderten.

Hyperbel Übertreibung einer Aussage oder eines Ausdrucks.

Hypotaxe, hypotaktisch Stilart, in welcher lange Satzperioden durch viele untergeordnete Nebensätze, oft in ab- und wieder aufsteigender hierarchischer Folge, gegliedert sind; Gegensatz: Parataxe.

hysteron proteron Vertauschung der realistischen Abfolge von Ereignissen.

Intensivum Wortbildung bei Verben durch Einschub des Infixes -ta- oder -sa-; drückt besondere Intensität, Dauer oder Wiederholung aus.

Invektive aggressive Rede, in der Regel unsachlich und absichtlich beleidigend bzw. entwürdigend.

Inversion besondere Wortstellung innerhalb eines Nebensatzes, in dem der Konnektor vom Satzanfang ins Satzinnere gestellt wird; Absicht ist oft die Hervorhebung eines anderen Wortes, das stattdessen an den Satzanfang rückt.

Ironie scheinbar lobende oder zustimmende Ausdrucksweise, die aber die gegenteilige Haltung aussagt; schärfere Form mit bitterem Ton: Sarkasmus.

Klangfigur Verwendung des Wortklangs zur Veranschaulichung des Geschilderten, etwa in der Assonanz oder der Onomatopoesie.

Klimax Steigerung der Intensität oder der Quantität in aufeinanderfolgenden Kola, etwa in einer Aufzählung; Gegensatz: Antiklimax.

Kolon Teil einer Aufzählung, einer syntaktischen Struktur etc.

Komprimierung, komprimiert besonders gedrängte Formulierung durch Verzicht auf finite Verbformen, durch Verwendung von Partizipien, durch Ellipsen.

Konkretisierung Veranschaulichung eines abstrakten Gedankens oder einer These durch praktische Beispiele.

Konnektor verbindendes Wort (Konjunktion, Adverb). Konnektoren verbinden Wörter, Wortgruppen oder Sätze syntaktisch (z. B. Konjunktionen wie *et, aut, vel* etc., Subjunktionen wie *cum, ut, quod* etc., Relativpronomina), stellen aber auch einen logischen Zusammenhang zwischen Wörtern oder Aussagen her (*nam*: kausal; *tamen*: konzessiv; *ergo*: folgernd etc.).

Kulisse Darstellung einer Umgebung, in der die eigentliche Handlung stattfinden soll, oft in Form eines Exkurses.

locus amoenus Motiv vor allem der bukolischen Dichtung, aber auch der Lyrik: idyllischer Ort, geschildert anhand von Naturelementen wie Gewässern, Bäumen, Pflanzen, ungefährlichen Tieren etc.; Szenerie einer heilen Welt.

maiores eigtl. „die Vorfahren"; zentraler Wert des politischen und moralischen Handelns in der römischen Republik, da die *maiores* Rom zu solcher Größe geführt hatten. Das *exemplum* war auch die Richtlinie in juristischen Fragen, da es keine niedergeschriebene Verfassung in unserem Sinn gab und daher Präzedenzfälle, d. h. Entscheidungen der *maiores*, nahezu bindend waren.

Metamorphose Gestaltwandel.

Metapher Ersatz eines Wortes durch einen bildlichen Begriff aus einer anderen Sphäre (Vergleich ohne „wie").

methodische Bemerkung Einschub in einer Rede oder einer philosophischen Darstellung, mit dem der Autor seinem Publikum die logische Funktion des Folgenden in einer gedanklichen Entwicklung erläutert.

Metonymie, metonymisch Wechsel der Kategorie in verschiedener Hinsicht, etwa Singular statt Plural, Material statt Gegenstand, Abstraktum statt des konkreten Begriffs, *adiectivum pro genitivo* etc.

Motiv Beweggrund, antreibender Gedanke; im kompositorischen Sinn wiederkehrendes Element, thematischer Gedanke in einem Werk.

Mythologie, mythologisch systematische Darstellung mythischer Überlieferung; s. Mythos.

Mythos, mythisch griech.: „Erzählung"; modern: „Sage", in der göttlichen oder heldenhaften Sphäre angesiedelt; historisch nicht belegt oder konstruiert. Die Einschätzung von Ereignissen als mythisch kann in der modernen und der antiken Auffassung unterschiedlich sein: Für einen Römer war Romulus wohl eine historische Person, während er für die moderne Welt als Sagengestalt gilt.

narrativ erzählend.

Nobilität, *nobilitas, nobilis* höchster sozialer Stand in Rom; wer Konsul gewesen oder direkter Nachkomme eines Konsuls war, gehörte der Nobilität an und besaß das *ius imaginum*, das Recht, Ahnenporträts von Totenmasken anzufertigen und im Atrium aufzustellen.

Onomatopoesie, onomatopoetisch Lautmalerei, Erzeugung einer Stimmung durch die auffallend gehäufte Verwendung bestimmter Laute.

Optimaten, optimatisch politische Methode in der Republik, welche die Dominanz des Senats in politischen Entscheidungen vertrat; Gegensatz „Popularen".

Oxymoron „scharfsinniger Unsinn", scheinbar unsinnige oder in sich widersprüchliche Ausdrucksweise, die in dem betreffenden Kontext aber eine besondere Bedeutung oder eine besondere Anschaulichkeit erzeugt.

Panegyricus, panegyrisch ursprünglich Rede vor der Volksversammlung, seit hellenistischer Zeit Preisrede auf den Machthaber.

Parallelisierung Darstellung einer logisch vergleichbaren oder vorbildlichen Tatsache zum aktuellen Gegenstand, z. B. von historischen Ereignissen, Handlungsweisen, schematischen Verläufen.

Parataxe, parataktisch Stilart, in welcher einfache Satzstrukturen, meist Hauptsätze, ohne Nebensätze aneinandergereiht sind.

Parenthese eingeschobener Satz, Einwurf, syntaktisch vom umgebenden Satz unabhängig; erkennbar an Gedankenstrichen.

pars pro toto Erscheinungsform der Metonymie: Ein Teil steht für das Ganze.

Penthemimeres Zäsur des Hexameters nach der ersten Länge des dritten Versfußes.

Peripatos, peripatetisch philosophische Schule in der Nachfolge des Aristoteles (384–322 v. Chr.).

Personifikation, personifiziert Umgestaltung eines Abstraktums oder einer Sache zu einer handelnden Person.

platonisch philosophische Schule in der Nachfolge des Platon (428/27–348/47 v. Chr.); beeinflusste mit ihren ethischen Aussagen viele andere Philosophen. Die Tugend und der Dienst für die Allgemeinheit stellen einen zentralen Wert dar.

poeta doctus der „gelehrte Dichter", der Darstellungsmittel, Gattungen, inhaltliche und sprachliche Elemente der literarischen Tradition bewusst verwendet, oft auch verfremdet und umgestaltet.

Polyptoton Verwendung eines Wortstammes in verschiedenen Formen in dichter Folge.

Polysyndeton, polysyndetisch Form der Aufzählung, in der jedes Kolon durch einen Konnektor angehängt wird.

Popularen, popularisch politische Methode in der Republik, welche politischen Einfluss mithilfe der Volkstribunen und der Volksversammlung ausüben wollte; Gegensatz „Optimaten".

Praefatio Eröffnungskapitel eines Werks, in welchem die Motive des Autors, die Größe und Bedeutung des Gegenstands sowie die Methoden der Darstellung erläutert werden.

praesens historicum besondere Verwendung des Präsens als Erzähltempus, im syntaktischen Zusammenhang (Zeitenfolge) wie ein Vergangenheitstempus verwendet.

Proömium Einleitung eines Epos oder eines epischen Gesangs; Vorstellung des Themas, Anruf der Götter, v. a. der Musen, um Hilfe bei dem großen Unternehmen.

Propaganda, propagandistisch Aussagen oder Thesen, welche die Manipulation der Adressaten beabsichtigen, oft in Vereinfachung, Verkürzung, Verfälschung der Tatsachen, unter Benutzung von Schlagwörtern, Schaffung von Feindbildern, Belegung von Begriffen mit einseitiger oder manipulierter Bedeutung, zur Erzeugung von Emotionen, Verhaltensweisen oder Geisteshaltungen.

prophetischer Durchblick Zukunftsschau im Epos, Ausblick auf die kommende Geschichte, verkündet durch eine Gottheit, ein Orakel, eine Vision; dient der Motivation der Akteure, der Begründung ihrer Mühen oder Leiden durch einen übergeordneten Zweck, eine Bestimmung, eine Zukunft, der sie jetzt dienen.

Proskription eine Art von Steckbrief: Namen von Personen, meist von politischen Gegnern, wurden veröffentlicht, für ihre Denunziation oder Tötung wurde ein Preis ausgesetzt, etwa ein großer Teil von deren Vermögen.

Repetundenprozess *(actio de repetundis)* Bewohner einer Provinz konnten, vertreten durch einen römischen Bürger, gegen Provinzstatthalter und Beamte einen Prozess wegen unrechtmäßiger Ausbeutung und Amtsmissbrauchs anstrengen.

res publica libera Ideal des Staates, wie er in der römischen Republik im Dreiklang aus Senat, Magistraten und Volksversammlung verwirklicht war. Der Begriff wurde in einer Zeit geschaffen und verwendet, wo dieser Staat unterzugehen drohte (Cicero, Sallust) oder verklärte Vergangenheit war (Tacitus).

Retardierung, retardierend dramaturgisches Mittel v. a. in der Tragödie: Verzögerung der konsequenten Entwicklung der Handlung durch Eintreten einer unerwarteten Wendung, die sich aber als momentanes Ereignis oder als Täuschung herausstellt; weckt Hoffnung, verschärft dadurch die letztlich unabwendbare Katastrophe.

rhetorische Frage Aussage in Frageform; manipulierende Frage, deren Antwort von vornherein feststeht.

Romanhaftigkeit narrative Gestaltung eines Ereignisses, etwa in der Geschichtsschreibung oder in Reden; Ausstattung von Personen mit Charaktermerkmalen, Unterstellung persönlicher Motive. Diese Darstellungsmethode gilt heute als unwissenschaftlich.

Sentenz schlagwortartige Formulierung, etwa einer philosophischen Aussage; Sprichwort.

Solidarisierung Attitüde eines Redners oder Lehrers, der sich bewusst auf die Seite seines Adressaten stellt; Ziel: Motivation.

Stoa, stoisch philosophische Schule, begründet durch Zenon von Kition (336–264 v. Chr.).

Synkretismus, synkretistisch das Zusammenstellen von Gedanken, die verschiedenen anderen Denksystemen entnommen wurden (Eklektizismus), zu einem neuen System.

Synonym, synonym, Synonymie Folge von bedeutungsidentischen oder -ähnlichen Wörtern.

Tmesis künstliche bzw. archaistische Aufspaltung und Trennung eines Kompositums durch eingeschobene Wörter.

Topos stereotyp verwendete Formulierung oder Darstellung, etwa in ständig wiederkehrenden Situationen oder zu bestimmten Anlässen, als Bestandteil des Instrumentariums literarischer Gattungen.

Transparenz, transparent Anschaulichkeit, Klarheit des Ausdrucks oder der logischen Darstellung.

Trikolon dreigliedrige Aufzählung.

Trithemimeres Zäsur des Hexameters nach der ersten Länge des zweiten Versfußes.

Triumvir, Triumvirat inoffizielles politisches Bündnis dreier Männer zur Durchsetzung politischer Interessen; es gab im 1. Jh. v. Chr. zwei Triumvirate: das 1. Triumvirat zwischen Pompeius, Crassus und Caesar (60 v. Chr.) und das 2. Triumvirat zwischen Antonius, Oktavian (dem späteren Augustus) und Lepidus (43 v. Chr.).

Variation, *variatio* absichtlicher Wechsel der Formulierung, der Darstellungsweise, der Wortwahl zur Vermeidung von Gleichförmigkeit, zur Erzeugung von Abwechslung, Unruhe, Emotion etc.

Vergleich episches Mittel der Veranschaulichung, erkennbar etwa an der Formel *ut … sic*; vgl. auch Allegorie.

Verschränkung Verschachtelung zweier Hyperbata ineinander; beabsichtigt die optische Veranschaulichung etwa von Durcheinander oder enger Verbindung.

virtus schwer zu übersetzender Idealbegriff, der vorbildliches, von ethischen Grundsätzen gesteuertes Verhalten, aber auch militärische Tapferkeit oder politische Energie und Tatkraft sowie unbedingte Prinzipientreue umfasst.

Wissenschaftlichkeit moderner Anspruch an wissenschaftliches Arbeiten: Nur Bewiesenes oder Belegtes darf als unkommentierte Wahrheit dargestellt werden. Wissenschaftliche Redlichkeit verlangt die Angabe von Quellen bei Inhalten, die nicht geistiges Eigentum des Autors sind. Antike Literatur kannte dieses Ideal nicht, sodass romanhaft ausgestaltete und narrative Elemente oder erfundene bzw. subjektive Aussagen etwa in historiografischen Texten häufig sind.

Wortfeld Verwendung von Vokabeln, die zu einem bestimmten thematischen Zusammenhang, einem Lebensbereich, einer Umgebung gehören, etwa Emotionen, moralischen Werten, Lebensbereichen.

Wortwahl Mittel der Aussage, der Gestaltung von Texten; absichtsvolle Verwendung bestimmter Wörter, einer bestimmten Sprachebene, einer bestimmten Terminologie.

Zäsur obligatorischer Einschnitt im Vers an einer bestimmten Stelle durch eine markante Wortgrenze (Trit-, Pent-, Hephthemimeres; Dihäresen).

Ihre Meinung ist uns wichtig!

Ihre Anregungen sind uns immer willkommen. Bitte informieren Sie uns mit diesem Schein über Ihre Verbesserungsvorschläge!

Titel-Nr.	Seite	Vorschlag

Bitte hier abtrennen

Lernen • Wissen • Zukunft
STARK

Bitte hier abtrennen

Zutreffendes bitte ankreuzen! Die Absenderin/der Absender ist:

- ☐ Lehrer/in in den Klassenstufen:
- ☐ Fachbetreuer/in
  Fächer: ____
- ☐ Seminarlehrer/in
  Fächer: ____
- ☐ Regierungsfachberater/in
  Fächer: ____
- ☐ Oberstufenbetreuer/in
- ☐ Schulleiter/in
- ☐ Referendar/in, Termin 2. Staatsexamen: ____
- ☐ Leiter/in Lehrerbibliothek
- ☐ Leiter/in Schülerbibliothek
- ☐ Sekretariat
- ☐ Eltern
- ☐ Schüler/in, Klasse: ____
- ☐ Sonstiges: ____

Kennen Sie Ihre Kundennummer? Bitte hier eintragen.

Absender (Bitte in Druckbuchstaben!)

Name/Vorname

Straße/Nr.

PLZ/Ort/Ortsteil

Telefon privat

Geburtsjahr

E-Mail

Schule/Schulstempel (Bitte immer angeben!)

Unterrichtsfächer: (Bei Lehrkräften!)

STARK Verlag
Postfach 1852
85318 Freising

24-V_TRAbi

Bitte ausfüllen und im frankierten Umschlag an uns einsenden. Für Fensterkuverts geeignet.

(Bitte blättern Sie um)

Abi in der Tasche – und dann?

In den STARK-Ratgebern finden Schülerinnen und Schüler alle Informationen für einen erfolgreichen Start in die berufliche Zukunft.

Alle Titel zu Beruf & Karriere
www.berufundkarriere.de

Bestellungen bitte direkt an:

STARK Verlagsgesellschaft mbH & Co. KG · Postfach 1852 · 85318 Freising
Tel. 0180 3 179000* · Fax 0180 3 179001* · www.stark-verlag.de · info@stark-verlag.de
*9 Cent pro Min. aus dem deutschen Festnetz, Mobilfunk bis 42 Cent pro Min.
Aus dem Mobilfunknetz wählen Sie die Festnetznummer: 08167 9573-0

Lernen • Wissen • Zukunft
STARK

24-V_TRAbi